ひらめき体験教室へようこそ

鹿嶋真弓
［編著］

図書文化

まえがき

頭を使え！ 知恵を絞れ！ 自分の力で考え抜け！

「学力の３要素」は，「基礎的な知識」「思考力・判断力・表現力」「学習意欲」という３つの重要な要素から構成されています。これら３つの重要な要素のうち，教師として本当に手強いのは「学習意欲」ではないでしょうか。

「馬を水辺に連れて行くことはできても，水を飲ませることはできない」ということわざがあります。それでも，思いっきり馬を走らせて，のどが渇くように仕向ければ，馬は自ら水辺に行って水を飲み始めるでしょう。しかし，馬が水を飲みたくなるように，子どもたちが進んで学習しようと思うように仕向けることは，並大抵のことではありません。いったいどうすればいいのでしょう。

親に言われなくても子どもたちが進んで行うことは，ゲームやボール遊びなど，楽しいことや好きなことです。つまり，楽しいと思えることを学習でも準備して，それをやっているうちに学習が好きになり，またやりたいと思うようにできればいいわけです。

そこで，本書で準備したひらめき体験教室のナゾは，すべて学力に関係なく，勉強の好き嫌いに関係なく，だれでもひらめくことで，答えが導けるものとしました。また，ひとりで黙々とナゾに立ち向かうだけでなく，グループでナゾを解くという仕掛けも用意しました。

子どもたちがナゾを解くうちに，ああでもない，こうでもないと，考えることの楽しさ，ひらめいたときのうれしさを味わうことができ，またやりたいと思うくらい，この活動が好きになるにはどうしたらいいかを考えて開発しました。

アクティブラーニングにおける活動の基本要素は，聴くこと・見ること・話すこと・書くこと・試すこと，そして振り返ることです。活動形態としては，個人的な活動・ペアワーク・少人数グループ活動・協働的なプロジェクトチーム活動があります。ひらめき体験教室には，これらのアクティブラーニングの要素もすべて含まれています。

教育現場にひらめき体験教室を取り入れ，見えないところ（脳）も，思う存分，アクティブにする練習をしてみませんか。

2016年９月

鹿嶋真弓

CONTENTS ひらめき体験教室へようこそ

第1章 はじめに

第2章 ひらめき体験教室の進め方

第3章 ひらめき体験教室　活動例

第4章 オリジナルの活動をつくろう！

第1章

はじめに

1 ひらめき体験教室とは

鹿嶋真弓

1「ひらめき」は脳へのご褒美(ほうび)

授業終了のチャイムと同時に，子どもたちから「フ～」とため息の聞こえる授業を経験したことはありませんか？　試験終了と同時に漏れる「フ～」と同じ，あの「フ～」です。

この「フ～」って，実はすごいんです。「フ～」の直後，子どもに「フ～」の意味を尋ねたことがあります。「すごく疲れた。ふだん，こんなに頭使わないから。でも，なんかすっきりした感じで，気持ちのいい疲れみたいな……」と，ある子どもが話してくれました。

そう。「フ～」とは，普段はあまり使わないような頭の使い方をして，単に考えるというのではなく，考え続けるとか，考え抜くといった，とことんやりつくしたときに自然と出てしまう言葉なのでしょう。

試験のあとの「フ～」も，これまで学んできたことすべてを活用して，頭をフル回転させたからです。ああでもないこうでもないと，何度も何度も，納得いく答えになるまで，その作業は繰り返され，そして，ひらめきの瞬間がおとずれるのです。

ひらめきの瞬間，脳はたっぷりとご褒美をもらいます。これがクセになると，人は考えることを楽しむようになります。心の中の満足感が得られる，まさに内発的動機づけが起こるのです。

2 子どもたちのひらめくチャンスを奪っていないか

子どもに「教える」ことが教師の仕事です。ですから，授業中は，本時のねらいが達成できるよう，手助けをします。手を変え，品を変え，時にはヒントを出しながら，子どもたちが「わかった」から「できた」になるまで，教師はその努力を惜しみません。

多くの授業を見せていただく中で，先生方の出すヒントには，大きく分けて3つのヒントがあることに気づきました。

① 答えに直接結びつくヒント

② 答えを得るための方法ややり方に関するヒント

③ 視野を広げたり思考を促進したりできるヒント

これらのヒントによって，子どもたちの考える姿勢はどのように変化するでしょうか。
①のヒントでは，子どもたちは記憶をたどる，つまり思い出す作業を始めることに夢中になり，自分で考えることをやめてしまうでしょう。②のヒントでも，子どもたちは与えられた方法で取り組み始め，単なる作業に夢中になることで，自分の頭で考えることをやめてしまうでしょう。しかし，③のヒントならば，子どもたちは今までとはちがった枠組みで考え始めることができるのではないでしょうか。
いずれも課題達成のためのヒントではありますが，質的には随分とちがう3つのヒントといえます。私たち教師が子どもにヒントを出す機会は多々ありますが，子どもたちの思考を促進するような，質の高い③のようなヒントを出せる教師になりたいものです。
よく「釣った魚を与えるのではなく，魚の釣り方を教えよ」といいますが，釣った魚を与えるだけでなく，また魚の釣り方を教えるだけでもなく，**魚釣りの楽しさ**を教えることができたら，なんと素敵なことでしょう。一度楽しさを知ると，人はだれに言われなくても自らやろうとします。そして，どうすれば魚がうまく釣れるか，試行錯誤を始めることでしょう。
ひらめき体験教室でも，ナゾの答えを教えるのではなく，ナゾを解く方法を教えるのでもなく，子どもたちにナゾを解く楽しさを味わってほしいのです。そして，どうすればナゾが解けるか，試行錯誤を続けてほしいのです。これこそが，ひらめき体験教室のねらいなのです。

3 ひらめき体験教室の様々な効果

「ひらめき体験教室」は，年齢や学力にとらわれない知的な活動です。知識だけでなく，自分のこれまでの経験と結びつけながら，目の前のナゾを解いていきます。
ナゾを解くために大切なことは，脳をフル活用しながら，たくさん話すこと，そしてたくさん試すことです。間違いをおそれないこと，わかるまで答えを出し続けることです。もちろん，小さなひらめきから大きなひらめきまでありますが，ひらめきの瞬間は誰にでも訪れます。頭に浮かぶことを他者に話すことで，それが誰かのひらめきにつながり，ナゾを解く糸口が見つかるかもしれません。必要なのは正解ではありません。間違えることを恥ずかしがったり，恐れたりせず，とにかく試すことです。こうした活動を通して，考え続けることの楽しさを体感できます。
思考力を養うには，単に考える力を身につけるのではなく，考え続ける力，考え抜く力を身につけることが大切です。痺れるまでアタマを使うこと，最後まで考え抜くこと，自分から考えることを放棄しないことです。グループの誰か１人でもあきらめずに考えていると，自分もあきらめずに考えてみようと思えるから不思議です。そして，そのあきらめずに考え続ける空気こそが，ナゾが解けるまで，互いに刺激し合いながら連鎖反応を起こしていく源となるのです。

ひらめき体験教室では，ひらめくことのできる自分を誇りに思えるようになります。ひらめきの瞬間，自然と口から出た答えに，「すご〜い！」と仲間が絶賛するからです。一生懸命考えても自分はひらめかなかったのに，それをひらめいた人って，素直に「すごい！」と思えるのです。そしてここに，ホンネとホンネの交流が生まれます。こうした活動を通して，おのずと心理的距離もグッと近づいていきます。知的交流と感情交流を同時に体験できるのもひらめき体験教室の魅力の１つです。

4 ナゾを創る楽しみも

ひらめき体験教室は，発達段階や活動のねらいに合わせてオリジナルの活動を工夫することができます。本書でも，「職場体験，合唱コンクール……」などのねらいに合わせた例を紹介しています。また，最近は小規模校が増えていますが，縦割りの異学年グループで取り組める例も紹介しています。

ひらめき体験教室を一度経験すると，なかには自分でナゾを創ってみたくなる人もいます。教師が創ってもよし。子どもが創ってもよし。誰が創ってもいいのですが，その際に大切なのは，ナゾづくりの手を抜かないことです。そのナゾが解けたとき，「ああ〜」と，解いた人が納得できるナゾになっていることが大切です。つまり，解けた瞬間のスッキリがとても大切なのです。もちろん，どのように創ればいいか，基本的な創り方についても，本書で紹介していきます（詳細は第４章をご覧ください）。

HP から教材をダウンロードできます

ひらめき体験教室の活動に使うすべてのシート（第３章参照）は，本書のサポートページから PDF ファイルでダウンロードすることができます。

＜教材の構成＞　１回の活動で使用する教材は以下のとおりです。

①ナゾのシート（活動によって７～８枚）
②クロスワード（ヒミツノアイコトバ）のシート（１枚）
③最終問題のシート（１枚）
④ふりかえりシート（１枚）

＜ダウンロードの方法＞

①下記の URL にアクセスします。
図書文化社 HP の「教育図書」のサポートページからもアクセスできます。

http://www.toshobunka.co.jp/books/hirameki.php

②ダウンロードしたい活動を右クリックして，「対象をファイルに保存」を選択します。

【利用規約】本書の購入者がひらめき体験教室を実施する場合，シートは自由に印刷して使用することができます。それ以外の目的で，シートならびにファイルを無断でコピーしたり頒布したりすることは固く禁じます。

2 ひらめき体験教室の学術的意義

村上達也

「ひらめき体験教室」というワークは，①みんなでナゾが書いてある用紙を探す，②みんなでナゾを解く，③ナゾが解き終ったら，みんなでゴールする，というシンプルなワークです。しかし，そのシンプルなワークの中で，参加者は豊かな感情的なやり取りと大きな知的な興奮を体験することでしょう。このシンプルなワークは，心理学的にはどのような意味があるのでしょうか。

1 意欲を高める

心理学の研究の中では，学習において内発的動機づけ（自ら楽しく学ぶ意欲）を持つことが重要であると指摘されています。

その内発的動機づけの研究で有名なエドワード・デシとリチャード・ライアン（Ryan & Deci, 2000）は，内発的動機づけの起源として，関係性の欲求，有能さの欲求，自律性の欲求の3つを挙げています。関係性の欲求とは，周囲とつながっていたいという欲求のことを，有能さの欲求とは，自分は「できるのだ」と感じたいという欲求のことを，自律性の欲求とは，自分でやりたいという欲求のことをいいます。そして，これらの欲求が十分に満たされることが内発的動機づけを促進すると述べています。こうした考えは，基本的心理欲求理論としてまとめられています。「ひらめき体験教室」は，まさしく，この基本的欲求理論で指摘されている3つの欲求を充足させるワークであると考えられます。

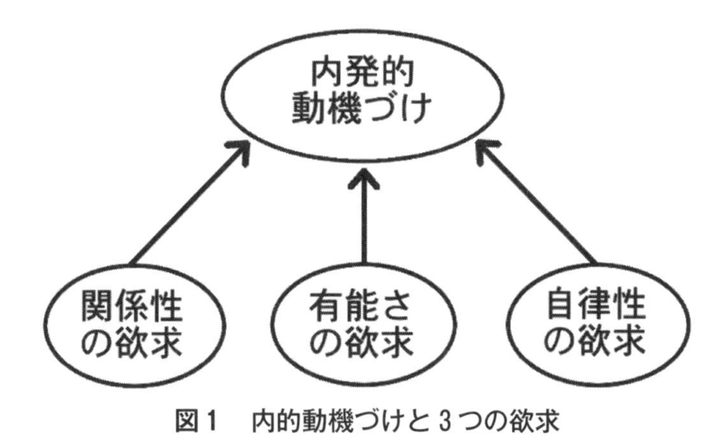

図1　内的動機づけと3つの欲求

＊関係性の欲求

「ひらめき体験教室」で用意されているナゾは，1人で取り組むものではありません。あるいは，1人で取り組んだとしても，なかなか解けるものではありません。そのため，1つのナゾに取り組む際に，他者と関わりをもち，自分の考えを表現・主張し，他者の考えを受け入れるというプロセスが必要になります。そして，ひらめきが生まれたとき，「すごい！」「なるほど！」という心からの称賛が生まれます。さらには一つ一つのナゾを解き，みんなでゴールする際に，協力してやり遂げたという達成感を得ることができます。これはまさしく関係性の欲求の充足であり，それを体験してもらうために，1人では解くことが難しいナゾが用意されているのです。

＊有能さの欲求

そして，子どもたちはナゾを1つ解くごとに，「できた！」「わかった！」という体験をします。もちろん，答えを指摘できた子どもは，強く「できた」という喜びを感じるでしょう。

しかしながら，最後に答えを指摘できた子どもだけが，その喜びを感じるのではありません。その答えにたどり着くまでに，ほかの子どもたちから出た様々な意見（試行錯誤）がひらめきにつながっていることを，子どもたちは理解するでしょう。活発な意見のやり取りをするなかで，「自分も役に立てた」「私たちのグループができた」，そのような感覚を子どもたちがもつようになります。すなわち，1人ではなかなか解けないナゾをみんなで解くことで，答えを指摘できた子もそうでない子も有能さの欲求が充足されていくのです。

＊自律性の欲求

さらに，わかりそうでわからない，魅力的なナゾに取り組むことは，自分がやりたいという欲求をも満たしてくれます。「ひらめき体験教室」を体験した子どもたちは「またやりたい！」という気持ちをもつようになります。関係性の欲求が満たされ，有能さの欲求が満たされると，子どもたちは自律的になるのです。すなわち，「ひらめき体験教室」は内発的動機づけを育むことにつながるのです。

2 やり抜く力がつく

さて，学習において，内発的動機づけはもちろん重要ですが，近年，心理学の中で，学習に重要であると考えられている概念がほかにもあります。それは，Grit と呼ばれる力のことです（Duckworth et al., 2007）。Grit とは，物事に一生懸命に取り組み，最後までやり抜く力のことです。近年の研究では，こうした力はIQ（知能指数）とは関係なく，学力に影響をもたらすことが明らかになりつつあります。

「ひらめき体験教室」の中で，子どもたちは魅力的なナゾに取り組み続けます。頭をフル回転させ，友達と話し合い，答えがわかるまで問題に取り組み続けます。普段は学習が苦手で，最後まで考えることが難しい子どもまでも，必死でナゾに取り組み続けます。言われたままではなく，自分なりのやり方で考え抜く，という体験を通して，子どもたちは考える続けることの楽しさ，重要さを感じ取ることができるでしょう。「ひらめき体験教室」は，この学習に重要なやり抜く力の育成にもつながっているのです。

また，さきに述べたエドワード・デシとリチャード・ライアンは，基本的心理欲求理論の中で，３つの欲求が満たされたとき，人間は完全に機能した状態になり，ウェル・ビーイング（心身の健康）が高まるとしています。ウェル・ビーイングの高い子どもは，「ひらめき体験教室」で出合うナゾに対しても，授業でぶつかる難しい課題に対しても，対人関係における葛藤に対しても，自ら粘り強く問題解決にあたることができるでしょう。

3 対話を積み上げる力がつく

今，教育の現場では，協調学習（collaborative learning）の重要性が指摘されています。協調学習とは，子ども同士が対話を通して学んでいく学習法のことです。OECDが提唱する，子どもに身につけさせたい能力であるキー・コンピテンシーの中にも協働する力が挙げられています。また，国際的なプロジェクトであるATC21Sの提唱する，これからの時代を生きていく子どもに必要なスキルである21世紀型スキルの中にもコラボレーションの力が挙げられています。こうした流れの中で，今後，日本の教育の中でも，協調学習の重要性がさらに高まってくると考えられます。

協調学習では，一人一人が他者の多様な考えを統合することが求められます。協調学習のベースの１つになっているのが，建設的相互作用（Miyake, 1986）についての研究です。２人で同じ問題を考えたり，解いたりするときには，相手が「こうじゃない？」と言ったことを受けて，「なるほど」と自分の考えを見直したり，「いや，こうかも」と少し違った観点から見直すといったことが繰り返されます。その結果として，各自が自分の考えをつくり直して，より深い理解が生まれるということが研究によって明らかにされています。

「ひらめき体験教室」では，ナゾに取り組む際に，この建設的相互作用が起こります。「これはこうなんじゃないかな？」「いや，こうかも」「いやいや，こうするといいんじゃない？」。すなわち，「ひらめき体験教室」は，本格的な協調学習が行われる前に，その原体験として，子どもたちが他者の意見を取り入れたり，それを受けて，自分の考えを見直したり，という体験を与えてくれます。ワークを通して，自分で考えることの意義，他の人の意見を聞くことの意義を楽しみながら学ぶことができるのです。

「ひらめき体験教室」は，知的な対人交流に焦点を当て，これらの様々な心理学の知見を踏まえて考案された，新しい教育方法です。シンプルなワークの中に，様々な要素が散りばめられており，魅力的な学級づくりのための２つの要素である，学級の人間関係づくりにも学習集団づくりにも，大きな効果を発揮するでしょう。

参考文献

Duckworth, A. L., Peterson, C., Matthews, M. D., & Kelly, D. R. (2007). Grit: Perseverance and passion for long-term goals. Journal of Personality and Social Psychology, 92, 1087-1101.

Ryan, R. M., & Deci, E. L. (2000). Self-determination theory and the facilitation of intrinsic motivation, social development, and well-being. *American Psychologist*, 55, 68-78.

Miyake, N. (1986). Constructive interaction and the iterative process of understanding. *Cognitive Science*, 10, 151-177.

3 ひらめき体験教室 Q&A

鹿嶋真弓

本節では，「ひらめき体験教室」を実際に体験した先生方から寄せられた質問にお答えしたいと思います。

Q1 「ひらめき体験教室」はなぜアクティブラーニングにつながるといえるのですか？

A1 活動だけでなく，見えないところ（脳）もアクティブになっているからです。

ひらめき体験教室では，ナゾを解くために，ナゾをよく見て，人の考えも聴きながら，自分の考えを話します。そして，書きながら，ああでもないこうでもないと，何度も何度も試してみます。もちろん，活動の最後には，ふりかえりシートに記入し，シェアリングを行います。

また，参加者は，最初は個の活動としてナゾと向き合います。その後，同じナゾを考え中の人と２人でナゾ解きをすることもできますし，グループ（少人数）で解き合うこともできます。この活動自体が，「すべてのナゾを解いてひらめきルームにたどり着く」というミッションを遂行するための，協働的なプロジェクトチーム活動になっています。

そして何よりも，どうしたらナゾが解けるか，自分のアタマの中で自然と自己内対話（自問自答）がはじまり，子どもたちは20分という制限時間の中で痺れるまでアタマを使う体験をすることになります。他者と関わるといった動き（活動形態）としてのアクティブだけでなく，見えないところ（脳）もアクティブになっていることがすごいのです。

アクティブラーニングにおける子どもの活動の基本要素は，聴くこと・見ること・話すこと・書くこと・試すこと，そして振り返ることです。活動形態としては，個の活動・ペアワーク・少人数グループ活動・協働的なプロジェクトチーム活動があります。このように，ひらめき体験教室は，これらのアクティブラーニング要素も満たしているということができます。

Q2 新たなグループやあまり話したことのない者同士で活動を行う際は，どのような点に気をつけるといいですか？

A2 最初に簡単なアイスブレーキングを行うと活動しやすくなります。

ひらめき体験教室では，痺れるまでアタマを使うこと，最後まで考え抜くこと，自分から考えることを放棄しないことなど，今までの授業ではあまり体験したことのないようなアタマの使い方が体験できます。「このようなアタマの使い方を，普段の授業でもできるように！」との思いから，実施時期は，新学期のなるべく早い時期がおすすめです。

年度当初に行う場合は，まだ子ども同士の緊張も高いので，出会いのエンカウンターなどで，少しお互いを知った後の時期に行うことをお勧めします。もしも，エンカウンターなどを行わない場合は，簡単なアイスブレーキングを行うといいでしょう。

Q3 ヒミツノアイコトバがわかったら，クロスワードがすべて埋まらなくても，言いに行ってよいですか？

A3 15分経過後は，すべてのナゾが解けていなくても，（状況に応じて）ヒミツノアイコトバを言いに行ってもよいこととします。

ヒミツノアイコトバは，すべてのナゾが解けて，クロスワードが完成した段階でわかる仕組みになっています。ただし，いくつかのナゾが解けなくても，勘を働かせればヒミツノアイコトバがわかる場合もあります。そこで，制限時間20分のうち，15分まではナゾと向き合う時間にあてて，15分経過したあとは，たとえすべてのナゾが解けていなくても，ヒミツノアイコトバがわかれば答えを言いに行ってもよいことにします。

ナゾが全部解けないうちにヒミツノアイコトバがわかったグループが，その後どのような体験をするかは，皆さんのご想像のとおりです。ヒミツノアイコトバをクリアし，さらに最終問題もみごとクリアしてひらめきルームから戻ってくると，すかさず解けなかったナゾを解き始めるのです。最終問題をクリアしているのですから，この段階でナゾを解く必要はないのですが，子どもたちの中には，最終問題をクリアしても，**未だ解けないナゾがある**というもやもや感が残っているということです。

自分は，最終問題が解けたのだからすべてのナゾが解けなくてもＯＫとするのか，それともすべてのナゾを解きたいとの思いから再度チャレンジするかどうかということを，ふりかえりシートに記入しながら，メタ認知できるようになることもねらいの１つです。

Q4 制限時間内に終わらないグループは，達成感が味わえないのではありませんか？

A4 教育において，達成感が全てではありません。

ひらめき体験教室は，すべての子どもを，何が何でも制限時間内にゴールに導き，達成感を味あわせることがねらいではありません。たしかに自分のグループだけがナゾを解けないと苦しいですが，それでも時間ぎりぎりまで考え続けること，最後の最後まで考え抜く体験こそが大切なのではないでしょうか。

ヒントを出さないのも意地悪しているわけではありません。「それって答えですか？」と正解だけを知りたがり，答えを導き出すためのプロセスに興味がない子どもが多いなかで，自分（自分たち）の力でナゾを解く体験をしてほしいからというのが理由です。教師の出すヒントに助けられて解けたとしても，自分だけの力で解けた人とでは，達成感の質にちがいが生じることでしょう。

時間内に終わらないということは，人生の中で何度も起こり得ることです。時間内に終わらなかったという体験を，「次こそは！」と奮起するエネルギーへと変えることができれば，それだけでも意味のある体験になります。つまり，負ける練習です。

Q5 活動時間を40分に延ばして，ナゾの難易度をあげてもいいですか？

A5 ナゾの難易度にかかわらず，人が集中できる時間は15分が限度です。

例えば活動時間を40分とした場合，どのくらいの子どもたちが最後まで考え続けることができるでしょう。また，よくわからないナゾに挑むとき，どのくらいの時間だったら子どもは集中して考え続けることができるでしょう。

ひらめき体験教室の時間設定には理由があります。ひらめき体験教室では，子どもたちが最後まで飽きずに活動ができるギリギリの時間として，20分（ナゾを探す時間5分＋ナゾを解く時間15分）を設定しています。また，活動後に5分の延長時間を設けています。

活動終了の合図で，子どもたちは，一度集中から解放されてホッとします。しかし，その反面，ナゾが解けていないグループでは「もう少し時間があれば解けたのに……」という不全感がわいてきます。そこで短い延長時間を告げることで，「あと5分なら集中できそうだ」という仕切り直しの効果が生まれるようにしています。

集中力15分の根拠は，テレビのコマーシャルにあります。子ども向けのテレビ番組の多くは，約15分に1回の割合でコマーシャルが入ります。これは，子どもが集中できる時間が15分であることに起因します。また，学生や若者では90分が限界で，集中力には波があります。その波は15分周期で，15分→30分→45分……と，徐々に次の波（次の15分）に乗れるようになるといわれています。小学校低学年では，次の波に乗りきれず，15分で飽きてしまうというわけです。

集中力については，普段の授業でも同様のことがいえます。ゆえに，うまい先生は，おおよそ15分に1度の割合で授業にコマーシャル（体を動かす，話題を変える，クイズを出すなど）を入れているのです。

Q6 終了後，使用したナゾは回収しなくてもいいのですか？

A6 まだ体験していない子どもにナゾが流出しないように回収します。

「ひらめき体験教室」という活動の中でナゾを解く場合と，先に体験した人（他クラスの子どもや先輩など）からナゾを見せられて解く場合とでは，ねらいや参加者の得るものが明らかに異なります。

先に体験した人が，まだ体験していない人にナゾを見せるときには，自分は解けているという多少の優越感を味わいながら，「もしもわからなかったらヒントを出し，それでもわからなかったら教えてあげる」という気持ちが働きます。まだ体験していない人にナゾを見せられるという行為は，本当なら自分だけの力で解けてひらめき体験を得ることができたかもしれない大切なチャンスを奪うことになるのです。ただ単に「面白かった」「楽しかった」で終わってしまいます。

この「教えてあげたい」心理は，実は，教師にも起こります。教師は教えることが仕事なので，ひらめき体験教室の中でも子どもにヒントを出して，子どもが自分で考え抜こうとするチャンスを奪ってしまうことがあります（時には平等に伝えなくてはという正義感からか，大胆に黒板にヒントを書いてしまうことも……)。

つまり，誰かに何かを教えたい人にとって，ひらめき体験教室のナゾは，都合のいいアイテムとなるのです。そうならないためにも，忘れずに回収することをお勧めします。

Q7 子どもが「またやりたい！」というのですが，年に何回くらいなら行えますか？

A7 基本は，年度当初に１回。多くても２回までがいいでしょう。

ひらめき体験教室を一度体験すると，「またやりたい！」と言う子どもがたくさん出てきます。実は，この言葉を待っていたのです。

子どもたちの「またやりたい！」には，どんな願いが込められているのでしょうか。きっと，自分から考えることを放棄せず，痺れるまでアタマを使い，最後まで考え抜いて，仲間と一緒に**ひらめきたい**ということではないでしょうか。

これを授業に活かさない手はありません。これこそが，ひらめき体験教室を教育現場に取り入れた理由なのですから。つまり，この活動を通して私たち教師に託された子どもたちの願いは，**ひらめき体験教室と同様の体験ができるような授業をしてほしい**ということなのです。

そのためにもっとも重要なことは，授業（教科教育）においても，学力に関係なく，すべての子どもがアタマが痺れるまで取り組める課題を立てることです。

まちがっても，何度も何度もひらめき体験教室ばかりやるということではありません。せいぜい年に２回（２回目は行事に絡めるなど）が適切でしょう。年に３度以上になると，レクリエーションの要素が強くなり，本来の意義が薄れるので注意が必要です。

ぜひ，子どもたちがワクワクするような授業へとつなげていただければと思います。

Q8 中心的な役割の教師が異動しても，この活動を続けることはできますか？

A8 いずれかの組織に位置づけることで，この活動を続けることが可能になります。

どのような活動でも，特定の教師に任せきりにしていると，その教師が異動したら断ち切れになってしまうということはままあることです。そこで，人ではなく，いずれかの分掌（たとえば進路指導部，生活指導部など）に活動を位置づけておくと，組織として活動が引き継がれることになり，担当者が交代しながら毎年続けていくことが可能となります。

また，ひらめき体験教室は，児童会や生徒会の行事として位置づけ，子ども中心に展開していくことも可能です。特に中学校や高等学校では，生徒会役員を含む実行委員会をつくって，ひらめき体験教室の企画・運営を任せることも可能です。この際，どのような思いからひらめき体験教室を行うのか，その意義を代々伝えていくことが重要です。このスピリッツが正しく伝わると，生徒会役員が変わっても，学校の１つの伝統として受け継がれていくことでしょう。

Q9 やったことがある人とない人が混在するなかでグループづくりをする際，どのような点に配慮が必要ですか？

A9 やったことがある人とない人は，なるべく同じグループにしないことです。

例えば，職員研修会でひらめき体験教室を行いたいが，研修会が初めての教師もいれば，２回目の教師もいるという場合があります。経験者がグループに１人でもいると，ナゾ解きのコツや流れを経験しているため，経験者主導で活動が進んでしまうことが多々あります。そうなると，他のメンバーのひらめくチャンスを奪ってしまうことにもなりますので，各グループに１人ずつ経験者を配置するといったことはせずに，逆に経験者を同じグループに集めて活動してもらうとよいでしょう。また，経験者が１～２名という場合は，スタッフとして参加してもらうのもよいでしょう。

もちろん，前回と同じナゾや，同じパターンで解けるようなナゾは，差しかえることも必要となります。これは，子どもたちに実施する場合にも同じことがいえますので，グループづくりとナゾの準備には注意が必要です。

Q10 授業の復習になるナゾ（教科バージョン）をつくってもいいですか？

A10 学力に関係がないからこそ，対等な関係で知的交流ができるのです。

ひらめき体験教室は，学力に関係なく，誰もがひらめく体験ができることが魅力の1つです。ただ**ひらめく**ように感じるかもしれませが，ひらめくまでには，自分のものの見方や考え方，とらえ方，生まれてからの体験や知らず知らずのうちに身についた知恵など，脳の中の使えるものは何でも使ってナゾに挑みます。それらが，「ああでもない」「こうでもない」と頭の中に浮かんでは消え，消えては浮かびしているうちに，ひらめきの瞬間が訪れるのです。それは，単に何かを思い出すとか，記憶をたどるとかいった作業と別のもののように感じます。

もしも，授業の復習として，既習内容に関するナゾを作成したら，グループの中で，その教科が得意な人がどんどん解いて，得意でない人は得意な人が解くのを，ただジーッと黙って見ていることになりかねません。ひらめき体験教室は，学力に関係ないからこそ，参加者が対等な関係で最後まで取り組むことができるのです。

教室でオリジナルのナゾを作成して実施する場合，すべてのナゾが学力（教科の成績）と関係のないナゾになっているかどうかを，ていねいに確認してください。万が一，学力に左右されるナゾがあったら，学力と関係のないナゾにつくり直す配慮が必要となります。

Q11 ひらめき体験教室のナゾを自分（教師）たちでつくりたいのですが，その際の留意点はありますか？

A11 学力に関係ないこと，誰もが納得できるナゾ解きのプロセスがあることが大切です。

子どもの発達段階に応じてナゾの難易度を考慮することは言うまでもありません。そして，Q10で述べたように，学力に関係ないナゾづくりをすることが何よりも大切です。
ナゾができたら，できあがったナゾを実際に解いてもらって，そのナゾの答えに対して誰もが納得できるナゾ解きのプロセスがあるかどうかを確認します。ナゾづくりの段階で，手を抜いたり妥協したりすると，ひらめかないばかりか，たとえ参加者がなんとか解けたとしても，後味の悪いスッキリしないナゾになります。
また，「何のために行うか」といった，ひらめき体験教室の意義について，教師同士が話し合い，その意義を明確にしたうえで，ナゾの答えとなるキーワードを出し合うことにも意義があります。こうした教師同士の活動により，めざす子ども像がより具体的になり，教育目標に対する教師のベクトル合わせにもなります。
そして何より，「自分たちでナゾをつくってみたい！」と思えるエネルギーのもてる教師集団は，もちろん得手不得手はあるにせよ，目の前の子どもたちのために貢献したいという集団効力感が非常に高いとも言えます。こうした教師の集団効力感は，教育現場に山積みされた課題や危機，大きな目標を達成するうえで不可欠なものです。

ひらめき体験教室　参加者の声

子どもの声

・他のクラスの人と協力をして，ゴールしたとき，あまりにうれしくて顔がまっかになった。頭使うのがこんなに楽しいとは思わなかった。頭のシワが100コ増えた。
・１人じゃ解けなかったものも，たくさんあったけど，みんなでやったから解けた。力を合わせてやったから楽しかったし，またやりたいと思った。みんな頭よくて，いちばん最初に最終問題の部屋に行ったのに，つめが甘くて「おしい」って言われた。その後，めっちゃ悩んで，やっと解けて，めっちゃ達成感があった！
・頭も体も使って，すごくいいエクササイズになりました。みんなとの仲がよくなれてよかったです。班の絆が強くなった。すごく楽しかったです。
・みんな楽しくできた。勉強とはまたちがう頭を使えました。またやってください。
・ひらめき体験教室は，ふだん関わることのないメンバーと活動できてよかった。頭をやわらかくして考えないと解けない問題ばかりでした。同じクラスになったことがない人で，この人はこんなことができるんだなぁという発見があった。最後の問題が解けなくて，ちょっとくやしかった。次は，もっと時間を長くしてやりたい。
・けっこうむずかしかったが，仲間とできてうれしかった。あとはとても楽しかった。また機会があったら，別のグループになってやってみたい。もうちょっと時間があったら最後まで解けていた。
・それぞれの見方が違っていて，色々なところから，見ることが大事なんだと思った！
・仲間との連携が大事だと思った。頭をすごく使ったと思う。またこんな感じで頭を使ったことをしたいと思いました。
・みんなで力を合わせないと解けないことがわかった。あまり周りの人と話せなかったので，次やるときは改善したいです。

大人の声

・ひらめき体験教室，40代でも楽しかったです。早速中学２年生の学級開きで使いたいです。
・ひらめいた瞬間の感情が何ともいえず，子どもたちにもぜひ味わってほしいと思いました。おもしろいのですが，多くなりすぎると新鮮味がなくなるので，計画的に行っていきたいです。
・どんな形でも全員が関わることができ，わからなかったことを全員で考えてわかったときの嬉しさには鳥肌が立ちました。やっていて楽しく，いろいろな見方で解釈していくことで，考えの幅が広がり，新しい見方もできるようになると思いました。
・楽しんでやることができ，とても楽しい研修でした。ぜひまたやりたいです。１つ，「賢い人＝すぐに問題を解ける」というわけではないことはわかりましたが，どんどん問題を解く人がグループにいた場合，解くことを諦めて思考がストップして参加できなくなる生徒が出てこないかなと思いました。問題を探してくるなど，他の場面で役に立つことがあるかもしれませんが……。
・体験してみて，１人では解けないけれど，みんなの知恵と行動でゴールまでたどり着けたことに驚きました。誰かのつぶやきが誰かのヒントになっていたこと，みんなで解けた達成感，これはぜひ生徒にも体験してほしいと思いました。
・一緒に考えた仲間との距離がぐっと近づく活動だった。仲間を認めることができやすいと思う。団結力が高まる活動で，クラスのまとまりや新たな仲間の発見が出てくると思う。
・困難の中から成功体験ができたことで集団としての認め合いもでき，自尊心も高まっていくことができると思った。
・短い時間でしたが，ゲーム感覚でとても楽しく充実した１時間となりました。ぜひ，教科やクラスで楽しむことができたら……と思いました。行動力，思考力，そしてひらめき，最後はスキンシップもあり，よい活動だと思いました。
・自己効力感だけでなく，集団効力感も感じられるところがいいな，と思いました。
・とても楽しかったです。行事の前など節目に使うと，いいきっかけになると思いました。

第2章

ひらめき体験教室の進め方

これからひらめき教室を行います
1.ナゾを探してと
2.ヒミツノアイコト
終問題がわ
1つ目、ナゾを探して解く
1
2つ目、ヒミツノアイコトバがわかったら伝えに行く
ヒミツノアイコトバって何？
それも自分たちで考えよう！
3つ目、最終問題がわかったらひらめきルームで答えを示す
ひらめきルーム
あの先生のところだよ
制限時間20分です！よーいスタート！
わ〜〜っ
え〜ナゾ見つからないよ〜
あ！み〜つけた！
え〜
なんだろ〜
なにこれ
え
……
ザワ
ザワ
…もしかして紙を回転させる…とか
ボソッ
あ
そうか〜
くるっ
解けた！A子ちゃんすごい〜！

これ…？
いっちだんけつ
もしかして
で ヒミツノアイコトバって…何だろう？
これはきっといままでのナゾを使うんだよ！
あ！
ナルホド！
な、なんだこれ～!?
わかんない…
ドーン
はい！正解！
これが最終問題ですよ
先生～！ヒミツノアイコトバは…
ゴニョ
ペラッ
ヒミツノアイコトバ
ゴニョ
ひらめきルーム
う～ん
わからん…
スススス
ニヤリ
答えは？
「てをつなげ」
正解！
ピピピピ
はーいそこまで～
えーおわってない！
延長して～!!
じゃあ、あと5分ね
～5分経過～
そこまで～！
疲れたけど楽しかった！
ナゾが解けて嬉しかった！
ひらめき教室どうだった？
こんなに頭を使ったことない！

1 ひらめき体験教室の進め方

準備するもの

ナゾ

・**ナゾ，クロスワードのプリント**
グループ数より少し多い枚数を用意。
・**ナゾ，クロスワードを入れる封筒**
ナゾごとに封筒に入れ，外側に番号を書いて教室に隠す（クロスワードは0番とする）。

最終問題

・**最終問題のプリント**
ヒミツノアイコトバを伝えに来た子どもに先生が渡す問題。
・**最終問題を入れる封筒**
他のナゾと封筒を変えるとよい。

掲示物

ひらめき
ルーム

・**「ヒミツノアイコトバ」の札**
係の先生が首からさげておく。
・**「ひらめきルーム」の札**
教室のドアに貼っておく。
・**「活動のながれ」を書いた掲示物**
P32（小学校縦割り班の場合には P34）参照。

その他

・**タイマー**
大きく見やすいものがよい。
・**筆記用具**
子ども持参（必要に応じてハサミ）。

指導例

場面	教師の教示（●）　子どもの反応・行動（☆）	留意点
導入	●これからひらめき体験教室を行います。 脳は使えば使うほど活性化されます。今日はこのメンバーと一緒に，普段あまり使ったことのない脳の使い方をしてみましょう！	●１グループ５～７人。
知的感情交流	●「活動のながれ」を説明します。 **１つ目，「ナゾを探して解く」** すでにこの教室の中にいくつかナゾが隠されています。ナゾは，このような（実際に見せる）封筒に入っています。各グループ１枚ずつナゾを持って行ってください。２枚以上取ってしまった場合は，必ず元の封筒に戻しに行ってください。 **２つ目，「ヒミツノアイコトバがわかったら伝えに行き，最終問題をもらう」** 「ヒミツノアイコトバって何？」と思うかもしれませんが，それもグループのみんなで考えてください。すべてのナゾが解けて，ヒミツノアイコトバがわかったら，グループ全員で係の先生のところへ行き，答えを伝えてください。 正解したら最終問題がもらえます。 **３つ目，「最終問題がわかったらひらめきルームで答えを示す」** あちら（係の先生に立ってもらう）が「ひらめきルーム」です。最終問題が解けたら，全員でひらめきルームに行き，最後の答えを伝えてください。 最終問題が終わった班は，この活動を通して感じたこと，気づいたことを話し合って待っていてください。 ●ひらめき体験教室のコツは２つ。とにかくいろんなことを試すこと，たくさん話すことです。制限時間は20分です。よ～い，スタート！ ●（20分後）は～い，時間です。	●「活動のながれ」を提示する。 ●原則，**<u>ヒントは与えない。</u>** ●状況に応じた対応：15分経過した段階で，すべてのナゾが解けていなくても，ヒミツノアイコトバがわかったグループは，言いに行ってもよい。 ●タイマー準備。 ●必要に応じて５分まで延長可能。
シェアリング	●ひらめき体験教室をやってみて，感じたこと，気づいたことをふりかえりシートに記入してください。時間は３分です。 ●この活動を通して感じたことや気づいたことを，グループで話し合ってください。 ☆「疲れたけど楽しかった」 ☆「こんなに頭使ったことない」	●ふりかえりシートを配布する。
まとめ	●グループごとにどんな話が出たか教えてください。 ☆「本当にひらめいてびっくりした」 ☆「ナゾが解けたときすごく嬉しかった」	

活動のながれ

① ナゾを探して解く
② ヒミツノアイコトバがわかったら伝えに行き，最終問題をもらう
③ 最終問題がわかったらひらめきルームで答えを示す

以上の３つをひらめき体験教室の「活動のながれ」として掲示しておきます。

留意点

原則ヒントは与えない

ヒントを与えることで子どもたちのひらめきを奪ってしまうことがあります。ヒントによって単純作業になってしまったり，子どもたちが考えるのをやめてしまったりしないように，ヒントはできるかぎり与えないようにします。

①　ナゾを探して解く

・ナゾの入った封筒を探す（「こんな封筒に入っています」と同じ封筒を見せる）

ナゾが何に入っているかわからないまま活動を始めてしまうと，何を手掛かりに探してよいかわからず，探す作業に時間がかかりすぎてしまいます。事前に，どのような封筒にナゾが入っているのか，子どもたちに見せておきましょう。

・プリントは１枚ずつ持って行く（多く持って行ったグループは元のファイルに戻す）

全員で一斉にナゾを探すため，１つのグループが同じナゾのプリントを複数枚とってしまうことがあります。多めにナゾを準備していても足りなくなる場合もあるので，多く持って行ったグループは元の封筒に戻しに行くよう，最初に伝えておきます。

・ひらめきどろぼうにならないように気をつける

解答がわからず行き詰ってしまったとき，他のグループの友達に答えを聞いたり，解答用紙を見に行ったりすることが起こることが予想されます。他の人の答えを見ることは，自分のひらめきを放棄するだけでなく，自分のグループのメンバーのひらめくチャンスをも奪ってしまうことになります。もちろん，一生懸命に考え続けていた人はとても残念な思いをしてしまいます。そのため，他のグループの解答を見たり，他のグループと答えを教え合ったりしないように，事前に注意しておきます。

②　ヒミツノアイコトバがわかったら伝えに行き，最終問題をもらう

・ヒミツノアイコトバが何かというところまで，グループで考える

子どもたちは最初，ヒミツノアイコトバがクロスワード（クロスワードパズル）であることを知りません。ヒミツノアイコトバが何か質問されることもありますが，それにはあえて答えず，それも含めてナゾなので，グループで考えてみるよう伝えます。

・ヒミツノアイコトバがわかったら，グループ全員で係の先生に答えを伝えに行く

グループのメンバー全員でそろって答えを伝えに行くことが，解答するうえでの条件になります。ヒミツノアイコトバ係の先生は，「ヒミツノアイコトバ」という札を首からかけておくとわかりやすくなります。

③　最終問題がわかったらひらめきルームで答えを示す

・最終問題がわかったら全員でひらめきルームへ行き，解答する

ひらめきルームの前に係の先生に立ってもらい，ひらめきルームの場所の確認と係の先生の紹介をしておきます。ひらめきルームとして使う教室には，「ひらめきルーム」という札を貼っておくとよいでしょう。活動も終盤になると，ひらめきルームが混雑するのでグループごとに並んで待つように伝えます。混雑が予想される場合は，グループ数に応じてひらめきルームを複数準備することで待ち時間を減らせます。その際，係の先生も増やして対応することになります。

・ひらめき体験教室を通して感じたこと，気づいたことを話し合う

終了時間より早く活動が終わったグループは，他のグループの邪魔にならないよう小さな声で，感じたこと，気づいたことを話し合います。中には，ナゾの解き方がわからず，解き方を教え合うこともありますが，25分（活動時間20分＋延長時間内５分）以内であればOKとします。

25分が経過した段階でナゾ解きに関する話はすべて終わりにして，ふりかえりシートを配布し，活動を通して感じたこと，気づいたことを記入してもらいます。その後，グループで話し合うよう促します。さらに，そこで話された内容を全体で伝え合います。

全体の場面で互いに伝え合うことが難しい場合は，ふりかえりシートの名前を伏せて，全員分，先生が読みながらすべてに対しプラスの言葉かけをしていくと効果的です。

2 小学校縦割り班（異学年グループ）で行うときのながれ

P40の活動例（ぼくもわたしもおねえさんおにいさんとおなじに）のように，小学校の縦割り班（異学年グループ）でひらめき体験教室を行う場合，子どもの発達段階によってナゾの難易度を調節しなければなりません。そこで，縦割りバージョンのひらめき体験教室では，最初は１つの縦割り班を低学年と高学年の２グループに分けて活動し，途中で合流するようにします。その他の基本ルールは同じです。

事前準備

・通常のひらめき体験教室の準備に加えて，カラーコーンとビニール紐で活動場所を分けるための仕切りを作ります。
・体育館を低学年ゾーンと高学年ゾーンに分割します（**図１**）。
・ひらめきルームの場所を決めます。
・教師の役割分担をします。「ひらめきさん」「ヒミツノアイコトバさん」「ひらめきルームの係」を決めます。
・低学年用のナゾは低学年ゾーン，高学年用のナゾは高学年ゾーンに隠します。

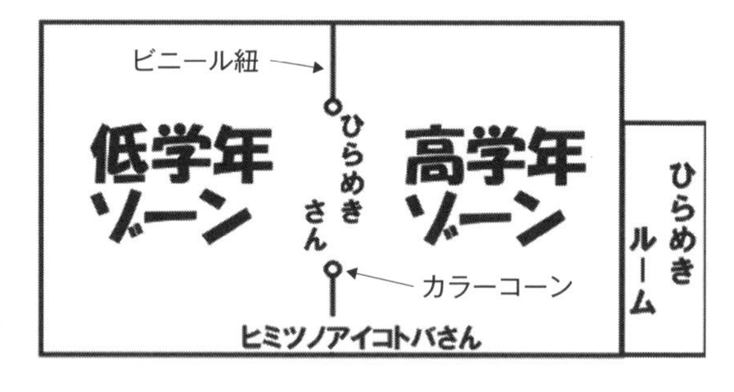

図１　体育館の使い方（例）

活動のながれ

① **ナゾを探して解く**
② **ナゾがすべて解けたら，ひらめきさんに答えを見せに行く**
③ **正解なら，同じ班の人のところへ行ってヒミツノアイコトバをみつける**
④ **ヒミツノアイコトバさんにヒミツノアイコトバを伝え，最終問題をもらう**
⑤ **最終問題がわかったら，ひらめきルームへ行く**

実施手順

◎　実施スタッフ：先生３名

＊ひらめきさん……低学年ゾーンと高学年ゾーンの間に立ち，ナゾの答えをチェックする。すべてのナゾに正解した低学年チームに高学年用のヒントを渡す。

＊ヒミツノアイコトバさん……ヒミツノアイコトバを聞いて，最終問題を渡す。

＊ひらめきルームの係……ひらめきルームにいて，最終問題の答えをチェックする。

①　活動のねらい，ながれ，制限時間，活動範囲を説明する。

＊ P34の「活動のながれ」を掲示しておく。

＊活動範囲の説明では，１，２，３年生と４，５，６年生の間をカラーコーンとビニール紐で区切り，低学年と高学年で分かれて活動することを伝える。

②　先生の合図で活動（20分間）を開始する。

③　体育館を歩き回ってナゾを探し，低学年と高学年のグループに分かれて，それぞれ解く。

④　クロスワードは，低学年グループと高学年グループの２つを併せることで完成する。それぞれのクロスワードにすべてのナゾの答えを記入し終えたら，仕切りの真ん中にいるひらめきさんに見せに行く。

⑤　正解ならば，低学年はひらめきさんから高学年のヒントになるプリントを受け取り，自分の縦割り班の人のところへ合流する。

＊低学年が先に通り，ひらめきさんから，高学年のヒントになるプリントをもらわないと，高学年が解けない仕組みになっている。

⑥　低学年と高学年が一緒にヒミツノアイコトバを考えて，わかったら全員でヒミツノアイコトバさんにヒミツノアイコトバを伝えに行き，最終問題をもらう。

⑦　最終問題の答えがわかったら，ひらめきルームへ移動して全員で答えを示す。

⑧　ふりかえりシートで活動を振り返り，グループごとに感じたこと，気づいたことを話し合う。

留意点

低学年が先に問題を解いてヒントを受け取り，そのヒントを見て高学年が問題を解く仕組みが基本ですが，ヒントなしで高学年が先に解いて低学年に合流するパターンも可能です。

教職員が子どもに伝えたいこと

吉本恭子

1 まず教職員がとりこに

4月，本校では，春休み中の職員会で「ひらめき体験教室」を私たち教職員自身が体験する機会をもつことができました。出会ってまだ数日で，名前と顔が一致しない職員もいる中での「ひらめき体験教室」でした。

しかし，簡単なルール説明の後スタートするや否や，みな必死にナゾを探し，頭をくっつけて，他の班に先を越されまいと，「あーでもないこうでもない」とナゾを解き始めました。そこには，年齢や経験，所属の学年団，教科など全く関係なく，あるのはただひたすら「ナゾを解き明かしたい」という1つの思いだけでした。最終問題を解き終わった後も，しばらくは興奮が収まらない有り様でした。そして口々に「これはぜひ子どもたちにも体験させたい」という声があちこちから聞こえてきました。

なぜ，教職員がこれほどとりこになったのでしょうか？　それには3つの理由があると思います。まず1つめは，ひらめき体験教室が，**だれもが課題に能動的にかかわることができる主体的な学習**そのものだったからだと思います。課題（ナゾ）について，どう解けばいいのかを自己内対話を繰り返しながら，あきらめることなく考え続ける体験ができました。2つめは，**間違いをおそれないで活動できる体験**だからです。自信がない子どもたちは，授業の中で分かっていても，「間違っていたらどうしよう……」と，発言することをためらう場面が多々あります。しかし，ひらめき体験教室の場合は，間違っているかどうかよりも，次々と考え続けることの方が優先されるのです。3つめは何と言っても達成感だと思います。試行錯誤の果てに，**最終問題が解けた瞬間の満足感と，一緒に取り組んだ仲間たちとの連帯感**は，わずか数十分で得られたものとは思えないほどの達成感があります。こんな体験を子どもたちにさせてやりたい。教師ならば誰しもそう感じると思います。

2 テーマは教職員が考えてこそおもしろい

「ひらめき体験教室」で大切なのは，子どもたちの実態や実施する時期に応じたテーマです。本校では，4月の「出会い」をテーマにしたものや，キャリア教育の一環として実施している「職場体験」をテーマにしたものなどを行いました。

テーマが決まったら，学年団でヒミツノアイコトバとそれにちなんだキーワード（クロスワードパズルの言葉，つまりそれぞれナゾの答えになるもの）を考えます。この時に，子どもたちに伝えたいメッセージや，感じて欲しいことを盛り込みます。

例えば，本校で考えた「職場体験」をテーマにしたひらめき体験教室では，ヒミツノアイコトバを「かんしゃのきもち」に設定しました。それにちなんで考えたキーワードは，「たっせいかん（達成感）」「しょくにん（職人）」「こみゅにけーしょん（コミュニケーション）」「やりがい」「たのしさ（楽しさ）」「せっきょくてき（積極的）」「おもいやり（思いやり）」「ちょうせん（挑戦）」です。子どもたちはナゾを１つずつ解きながら，これらの教職員の思いに触れることができるのです。

3 教職員から子どもに伝わる魅力

子どもたちにひらめき体験教室を実施してみると，「知的好奇心に一気に火が付いた」，まさにそんな瞬間でした。教職員が考えたナゾについて，子どもたちはひとりでに頭をくっつけ，ひらめいた言葉を次々に言い続けます。違っていてもへっちゃらです。まるで泉から水が湧き出るように知恵を出し続けるのです。そして時折，「○○さんて，チョーすごい」「○○さんのひらめき最高！！」という声が聞こえてきます。言われた子どもは，誇らしげにちょっと照れています。普段の授業では，わからないことにぶつかるとすぐに投げ出してしまう子どもが，この日は最後まで諦めることなく考え続けていました。

何がこれほど彼らを夢中にさせたのでしょう。それはきっと「学力に関係なく，考え続けることができる」「ひらめく自分を誇りに思える」からでしょう。終わった後は，どの学年やクラスからも「疲れた～。でも，すっごく楽しかった。またやりたい！！」という声が，どこかしこから聞こえてきました。時間切れで最終問題を解き終えることが出来なかったグループには悔しさが滲んでいます。そして「今度こそ……」と闘志を燃やしています。

「どうせわからないから……」と学びから逃げていた子どもが，「ひらめき体験教室」を体験して，「考える楽しさ」を感じたことで，授業の中でも考える場面が増えれば，学力も上がるのでは……と教職員としては欲張っています。

第3章

ひらめき体験教室活動例

1 ぼくもわたしもおねえさん おにいさんとおなじに

小学校・縦割り行事の例

今日は，縦割り班でひらめき体験教室を行います。まずは１年生から３年生までと４年生から６年生までに分かれて，それぞれのナゾにチャレンジします。次に，どちらか早くナゾが解けたチームがその答えを持って，縦割り班のメンバーのところに行きます。両方のナゾを合体させると「ヒミツノアイコトバ」が完成します。コツは「考え続けること」「考え抜くこと」，そして何より，間違いを恐れず，最後まであきらめず「チャレンジすること」です。では，始めましょう。

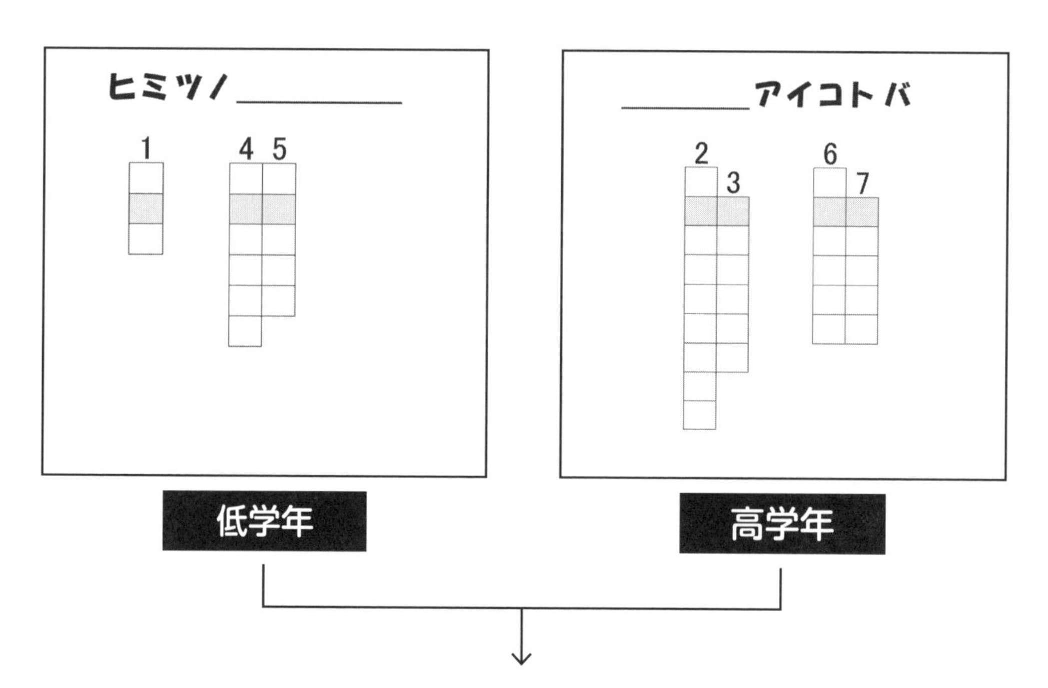

2つのシートをあわせると，ヒミツノアイコトバが完成する

問題 ナゾを解き，ヒミツノアイコトバをみつけ，最終問題に挑め !!

※以下のナゾを，本書の HP（P11参照）から A4 サイズに印刷して使用します

低学年

1

あ い う お お

4

しょく しょく しょく しょく しょく

しょく　しょく　しょく　しょく

5

せ　か　え　く

ち　が　あ　う　い　こ　け

う

く　ま　お　ろ　と　つ　も

た　い

ただしいひらがなをならべかえてことばをつくれ！

高学年のためのヒント

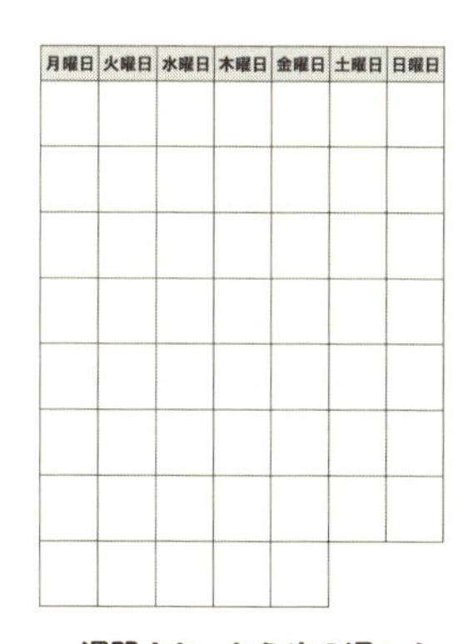

・低学年がすべてのナゾを解き終わった場合に，低学年の子どもにこのヒントを渡します。低学年はヒントを高学年のもとへ届けることができます。

・高学年のナゾ６のヒントになっているため，このヒントがないと高学年はナゾが解けません。低学年も高学年の役に立つことを体験できます。

高学年

2

ねっしょう しめい

ねがい しがけん

3－1

	❤	♠	♦	✤	☺	❁	☮
☺	お	べ	ん	と	ば	こ	に
❤	お	に	ぎ	り	ち	ょ	い
♦	と	つ	め	て	に	ん	じ
❁	ん	さ	ん	し	い	た	け
♠	さ	ん	さ	っ	く	ら	ん
✤	ぼ	さ	ん	す	じ	の	と
☮	お	っ	た	ふ	う	う	き

3－2

☮＼☮
↓
❤＼❁
↓
☮＼☺
↓
❤＼✤
↓
❤＼❁
↓
♠＼☺

6

こお。たありえ
いくはかづうる
ましいかろたな
かいはらをえふ
したたたこつで
のとくいばりだ
したんではもよ
このめびこ

よみかた：月→木→日→水→土→火→金→月…

7

ににんかし

月曜日	火曜日	水曜日	木曜日	金曜日	土曜日	日曜日

一週間おわったら次の週へ！

低学年がもってきてくれる
高学年のためのヒント

低学年＋高学年

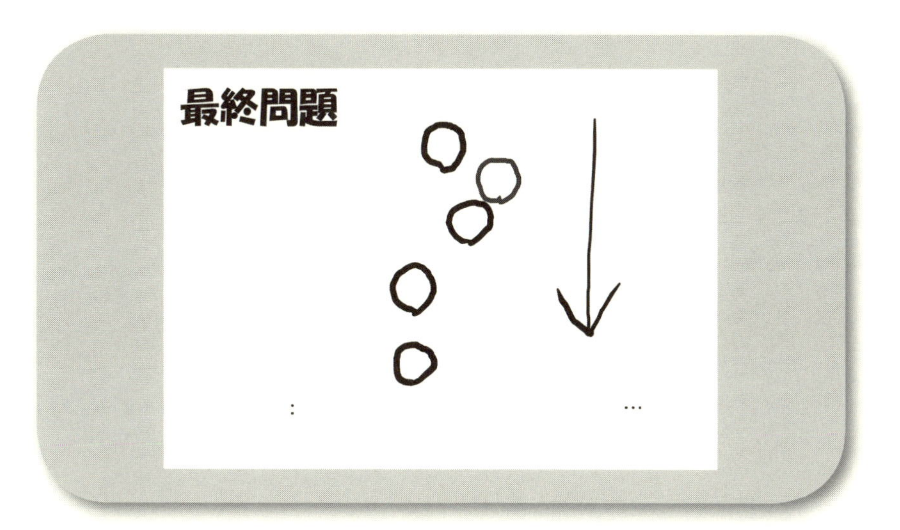

ナゾの解き方

〈低学年〉

1

五十音順なら左から順番に「あいうえお」となりますが，「え」が「お」になっています。ゆえに，答えは「えがお」となります。

4

「しょく」が9（きゅう）個書いてあることから，「きゅうしょく」となります。

5

左右反転していないひらがなを1つの言葉になるように並べかえます。1年生の発達段階を考慮し，「ひらめく」問題ではありませんが，上級生と一緒に解けるようになっています。

〈高学年〉

2

「ねがい」→「『ね』が『い』」，「しがけん」→「『し』が『けん』」の法則を表しています。この法則で「ねっしょうしめい」を変換します。

3

ナゾ3－2に書かれた記号の組み合わせの順に，ナゾ3－1の表を読み取っていきます。ナゾ3－2の記号はナゾ3－1の表の縦／横という対応になっています。

6

文を月曜始まりのカレンダーとして見立て，指定された曜日の場所順に文字を読み取っていきます。1列おわったら次の列に移ります。すると月→「こ」，木→「た」，日→「え」，水→「は」……となり，「こたえはさいごからふたつとばしでよめ」と読めます。指示どおり最後の文字から2文字ずつ飛ばして読み取ることで答えを求められます。低学年がナゾをすべて解けたときに受け取る「高学年のためのヒント」を見ることで解きやすくなります。

7

ナゾの右上に書かれている方角の記号の，「にし」が「い」なので，「に」と「し」を「い」に変えて読むことで，「いいんかい」となります。

〈低学年＋高学年〉

最終問題

○と矢印が描かれた問題です。シート下部の「：」と「…」がヒントとなり，ナゾ6と重ねて使うことがわかります。ナゾ6と重ねたとき，○の位置にくる文字を上から読んでいくと「かたをくめ」となります。

ヒミツノアイコトバ

1	2		4	5	6	
え	い	3	き	つ	な	7
が	っ	き	ゅ	う	か	い
お	し	ょ	う	が	ま	い
	ょ	う	し	く	づ	ん
	う	り	ょ	ろ	く	か
	け	ょ	く		り	い
	ん	く				
	め					
	い					

（こたえ）

1 えがお
2 いっしょうけんめい
3 きょうりょく
4 きゅうしょく
5 つうがくろ
6 なかまづくり
7 いいんかい

最終問題 かたをくめ

5 の補足

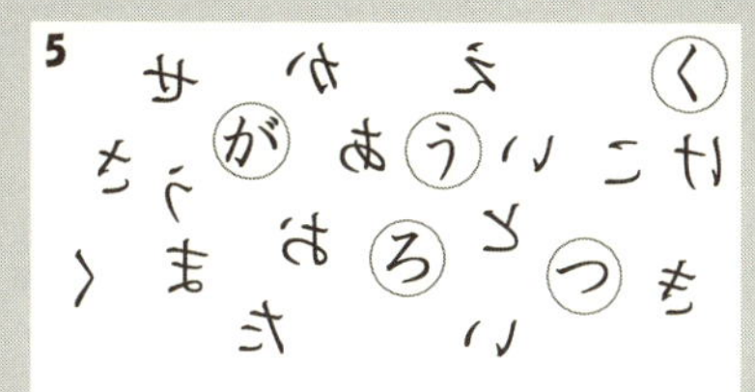

最終問題 の補足

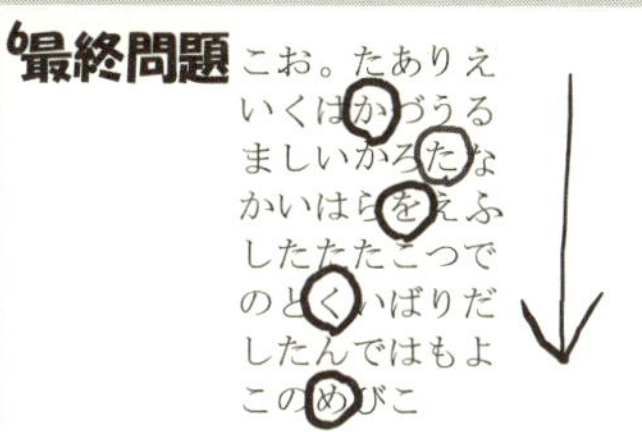

2 スタートダッシュ！
中学1年生・4月はじめの実践例

この中学校では，年に1～2回ですが，「ひらめき体験教室」という活動を行っています。人の脳は「初めてのこと」「慣れていないこと」「新鮮な体験」をすることで活性化されます。今日は，初めて出会ったこのメンバーで，ナゾを解くという，あまり慣れていない新鮮な体験をしてみましょう。コツは「考え続けること」「考え抜くこと」そして何より，間違いを恐れず，最後まであきらめず「チャレンジすること」です。では，始めましょう。

問題 ナゾを解き，ヒミツノアイコトバをみつけ，最終問題に挑め!!

※以下のナゾを，本書のHP（P11参照）からA4サイズに印刷して使用します

ヒミツノアイコトバ

1 2 3 4 5 6 7 8

1

4 2 1 3

2

に く ほ わ す か

3

さくらさくあしたはればれ
これからたくさんなにかあり

4

田	ら	と	ほ	こ
を	し	き	ん	の
け	き	た	と	な
し	ゆ	い	う	ぞ
て	う	な	に	を

6

おきらくな見た目
きおくはなそう
みやびろこつ
うたうたおう

ラ
ミソ
ミ

5

せんぱいと
かんぱい ー

7

「荷物を運ぶの、手伝ってくれてありがとう。
なんていい子かしら。」

「重いものを持つときのコツを子どもの時に
学校で教わったの。どんな方法でしょう！」

「知らない、教えてくれる？」

「もうちょっと考えて！　正解はこのあとにするね」

「え〜！」

8

∠ 最終問題

かよくぞここまでといたな
い■んたじるめでもたべる
し■ぷたくさんためしてね
ろ■をおゃのちかくのなぞ
■かみにまいをかさねよ

言葉ではなく行動で示せ

ナゾの解き方

1

全体の形があいうえお表をになっており，黒い四角一つ一つがひらがなを表しています。対応した位置のひらがなを数字の順に読み取っていきます。

2

あいうえお表で，矢印の位置に該当する文字を考えます（例：「に」の右上は「た」)。

3

左下の欠けている数字が，ナゾの番号の数字の一部を表しています。欠けている数字とナゾの番号の数字が重なるように半分に折り，〇の中に入る文字を透かして読んでいきます。

4

左端の行の「田をけして」がヒントになっています。漢字の「田」の形にマス目を消したとき，残った部分を左上から読み取ります。

5

真ん中の「ー」と右側のパンの絵は，「『パ』と『ン』を引き算する」ことを表しています。左側にある文字列から「ぱ」と「ん」を消して，残ったものを読み取ります。

6

右下のコップのような図は，文章のどこを，どのような順番で読むのかを示しており，右端から読むよう左端に矢印が付いています。音名は文章中の文字を表しており，「ミ」は文章中の「見た目」の「見」，「ソ」は「見」の下の「そ」……という対応になっています。「見」の左隣にある「な」から他の音名と図の形を頼りに矢印の方向に読み進めます。

7

「正解はこのあとにするね」という言葉から，「こ」の後にくる文字を読み取っていきます。ひらがなだけでなく，カタカナや漢字に含まれる「こ」も対象です。「はこ『ぶ』」「いい子『か』しら」「コ『ツ』」「子『ど』も」「がっこ『う』」となります。

8

横に並んだ５つの形は，それぞれ，カタカナが上下左右に４つ組み合わさってできています。上下と左右が鏡写しの形で組み合わさっているので，１つの形を４分割した右上の部分を読んでいきます。

最終問題

黒い四角と文字の配置から，ナゾ１のあいうえお表と関係があることが予測できます。最終問題とナゾ１を重ね合わせ，透かして見ます。黒い四角の部分が読めなくなり，「ジャンプを４回しろ」という指示が読めます。さらによく見ると，最終問題の左上に書いている「L」とナゾ１の「１」が重なって「４」になっています。

ヒミツノアイコトバ

		3					
		く					
		あ					
		れ		5	6	7	
1	2	ば	4	せ	な	ぶ	8
あ	た	ら	し	い	な	か	ま
さ	い	く	ん	と	こ	つ	い
れ	め	あ	ゆ	か	ろ	ど	べ
ん	ん	り	う	い	び	う	す
	し				や		と
	き				お		
					き		

（こたえ）

1　あされん
2　たいめんしき
3　くあればらくあり
4　しんゆう
5　せいとかい
6　ななころびやおき
7　ぶかつどう
8　まいべすと

最終問題　ジャンプを４かいしろ

4 の補足

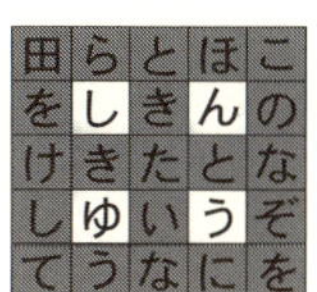

最終問題 の補足

3 人とつながろう

小学校～中学校・人間関係づくりの実践例

今日は，このメンバーで「ひらめき体験教室」を行います。今まで行ってきた活動とはちょっと感じ方が違うかもしれません。知的交流の体験ですが，勉強が得意とか得意でないとか，そういうことはまったく関係ありません。まずは体験してみてください。きっとすごい体験ができます。コツは，「考え続けること」「考え抜くこと」，そして何より，間違いを恐れず，最後まであきらめず「チャレンジすること」です。では，始めましょう。

問題 ナゾを解き，ヒミツノアイコトバをみつけ，最終問題に挑め !!

※以下のナゾを，本書の HP（P11参照）から A4 サイズに印刷して使用します

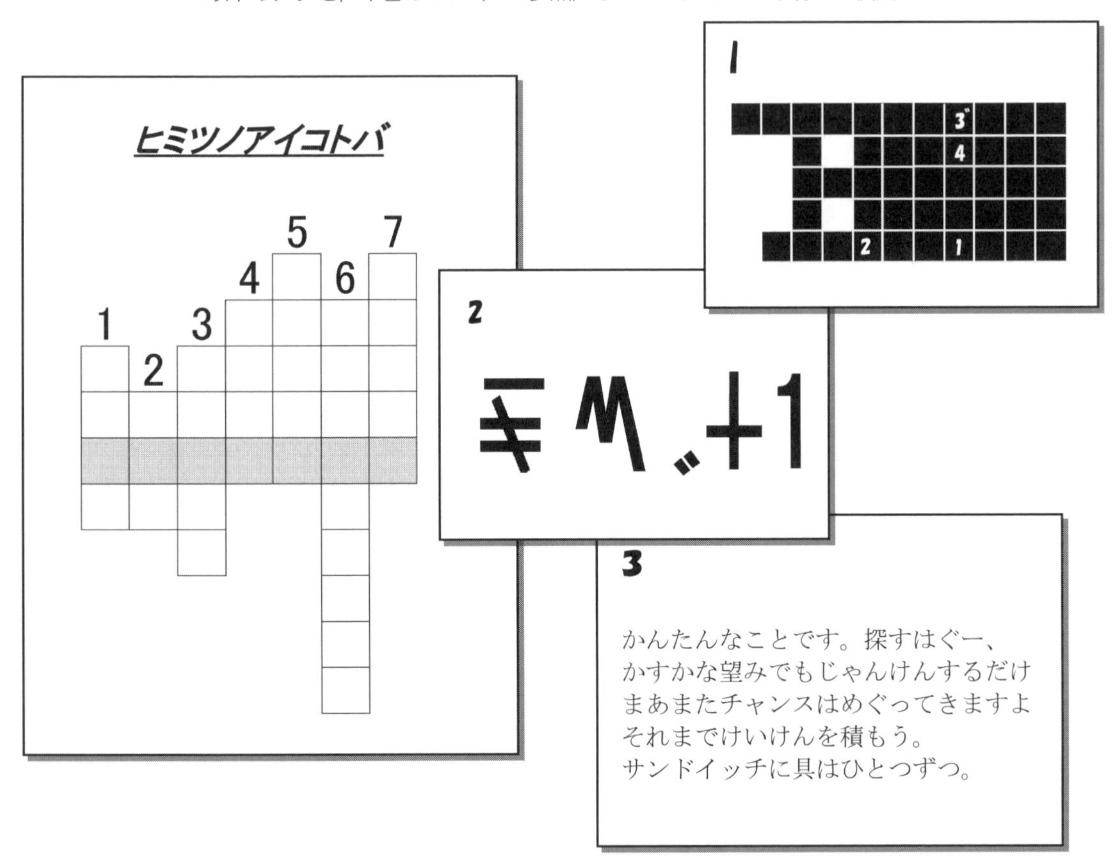

ヒミツノアイコトバ
1 2 3 4 5 6 7
1
3
4
2 1
2
3
かんたんなことです。探すはぐー、
かすかな望みでもじゃんけんするだけ
まあまたチャンスはめぐってきますよ
それまでけいけんを積もう。
サンドイッチに具はひとつずつ。

4

前例　→　こうれい

高度　→　ていど

旧説　→　？

5

6

熱唱 使命

願い　　滋賀県

7

りはこなょぜ
たぞくんえの

6×2 → 4×3

最終問題

言葉ではなく行動で示せ

よ	く	ぞ	こ	こ	ま	で	と	い	た	な
と	に	か	く	な	ん	で	も	た	め	せ
お	る	ま	わ	す	■	す	ぐ	ぴ	ん	ち
か	こ	を	た	め	■	し	と	く	な	ぞ
け	せ	か	さ	ね	■	ろ	ふぁ	ー	い	と
					■					

ナゾの解き方

1

全体の形があいうえお表になっており，黒い四角一つ一つがひらがなを表しています。対応した位置のひらがなを数字の順に読み取っていきます。３には濁点がついているため，３に対応する「た」は「だ」と読みます。

2

ナゾの紙を上下反対向きにして読みます。向きを変えて読むと，記号や数字，アルファベットが組み合わさって，３文字のひらがなに見えます。

3

「探すはぐー（具）」「サンドイッチに具はひとつずつ」から，２つの同じ文字にはさまれた１文字を読み取っていきます。「かん『た』ん」「か『す』か」「じゃん『け』ん」「ま『あ』また」「け『い』けん」を順に読むと答えになります。

4

上の２つの例をもとに，一番下の「旧説」がどのように変わるかを考えると，左側の１文字目の漢字が反対言葉に変わっています。「前」の反対は「後」（こう），「高」の反対は「低」（てい）となることから，「旧」の反対は「新」（しん）で，「しんせつ」となります。

5

横に並んだ５つの形は，それぞれ，カタカナが上下左右に４つ組み合わさってできています。同じ文字が90度回転されて組み合わさっているので，１つの形を４分割した形を読んでいきます。左下の部分がそのままの位置でカタカナとして読み取れます。

6

「願い」→「『ね』が『い』」，「しがけん」→「『し』が『けん』」の法則を表しています。この法則で「ねっしょうしめい」を変換します。

7

６×２は，６文字×２行を表しています。６文字２行の文字列を，左上から４文字ごとに改行し，３行にして，一番右の列からタテ向きに読むと答えになります。

最終問題

中央にある黒い四角から，ナゾ１と関係があることが予測できます。最終問題の「ん」と書かれている黒い四角とナゾ１の「ん」にあたる黒い四角を重ね合わせ，透かして見ます。すると，黒い四角の部分が読めなくなり，「ピースしろ」という文字だけが浮き上がります。

ヒミツノアイコトバ

				5		7
			4	お	6	ぜ
1		3	し	も	い	ん
と	2	た	ん	い	っ	り
も	げ	す	せ	や	し	ょ
だ	ん	け	つ	り	ょ	く
ち	き	あ			う	
		い			け	
					ん	
					め	
					い	

（こたえ）

1 ともだち
2 げんき
3 たすけあい
4 しんせつ
5 おもいやり
6 いっしょうけんめい
7 ぜんりょく

最終問題　ピースしろ

3 の補足

3

かんたんなことです。探すはぐー、
かすかな望みでもじゃんけんするだけ
まあまたチャンスはめぐってきますよ
それまでけいけんを積もう。
サンドイッチに具はひとつずつ。

同じ文字にはさまれたひらがなを読み取る。

7 の補足

りはこな
ょぜたぞ
くんえの

４文字×３行に直す。

4 大人ってどういうこと？

中学校・職場体験行事の例

社会人には，主体性を持って行動することが期待されます。**主体性とは，自分で状況を判断して，自分の頭で考えて行動すること**です。これから始まる職場体験でも同じです。今日は，ひらめき体験教室の中で，いかに主体的に行動できるか，試しにやってみたいと思います。ここでのコツは，仲間と一緒に「考え続けること」「考え抜くこと」，そして何より，間違いを恐れず，最後まであきらめず「チャレンジすること」です。では，始めましょう。

問題　ナゾを解き，ヒミツノアイコトバをみつけ，最終問題に挑め !!

※以下のナゾを，本書の HP（P11参照）から A4 サイズに印刷して使用します

ヒミツノアイコトバ

1　2　3　4　5　6　7　8

1

探求のはじまり
ガッツの中心
生活の最初
後悔の終わり
感動のはじまり
元気の真ん中

2

あかん　→　赤点

5ミリ　→　ゴミ取り

好意　→　校内

諸君　→　？

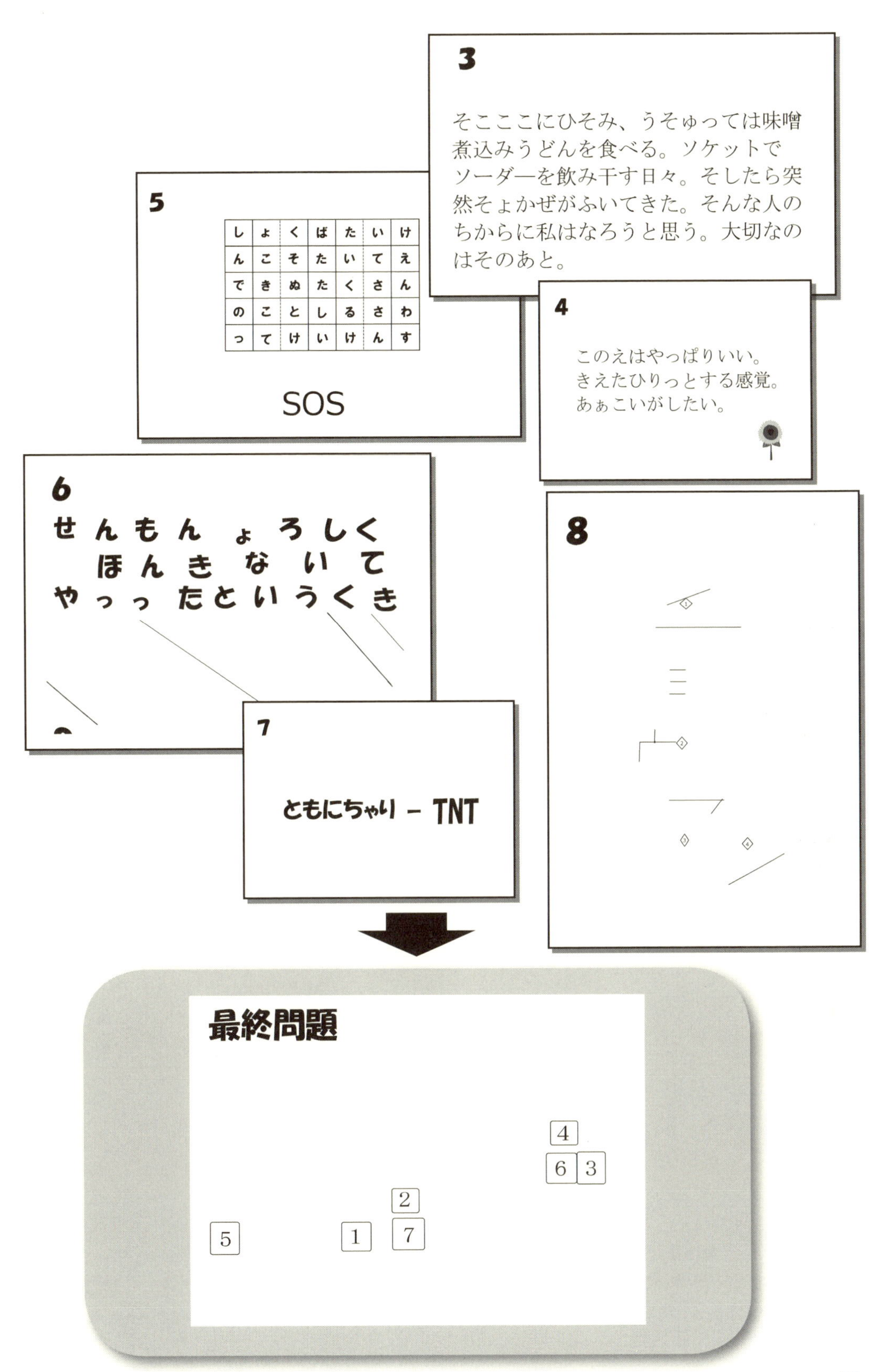

3
そこここにひそみ、うそゅっては味噌煮込みうどんを食べる。ソケットでソーダーを飲み干す日々。そしたら突然そょかぜがふいてきた。そんな人のちからに私はなろうと思う。大切なのはそのあと。
5
しょくばたいけ
んこそたいてえ
できぬたくさん
のことしるさわ
ってけいけんす
SOS
4
このえはやっぱりいい。
きえたひりっとする感覚。
あぁこいがしたい。
6
せんもんょろしく
ほんきないて
やっったというくき
7
ともにちゃり － TNT
8
最終問題
4
6 3
2
5
1 7

ナゾの解き方

1

各行の「の」をはさんで右側の言葉（例：「はじまり」）は，左側の言葉（例：「探求」）の文字を読む場所を表しています。左側の言葉をひらがな読みにして，該当する位置の文字を読みます（例：探求のはじまり→「た」）。

2

上の3つの例から，一番下の「諸君」がどのように変わるかを考えます。左側の言葉（例：「あかん」）をひらがなに変えたとき，3文字目に1文字加わると右側の言葉になります。加わった文字は，上から順に「あか『て』ん」「ごみ『と』り」…『な』…」と，あいうえお順に変わっています。

3

最後の行「大切なのはそのあと」から，「そ」の後にくる文字を読み取ります。「そ『こ』」「ひそ『み』」「うそ『ゅ』って」「みそ『に』こみ」「ソ『ケ』ット」「ソ『ー』ダー」「そ『し』たら」「そ『ょ』かぜ」「そ『ん』な」の部分を読み取ります。

4

挿絵である「ひまわり」は「『ひ』のまわり」を読むというヒントです。文中の「ひ」を見つけ，左下の文字から時計回りに読みます。

5

「SOS」の形になるようにマス目を消し，残った文字が答えとなります。Sは表の2列分を，Oは3列分を使ってあらわします。

6

左下の欠けている数字が，ナゾの番号の数字の一部を表しています。欠けている数字とナゾの番号の数字の一部がぴったり重なるように折り，線にかかった文字を読んでいきます。

7

真ん中の「ー」と右側の「TNT」は，「TNTを引く」ことを表しています。「ともにちゃり」をローマ字にすると，「TOMONITYARI」となり，ここからTNTを引くことで「OMOIYARI」→「おもいやり」となります。

8

直線を引いてカタカナを読み取ります。ダイヤのマークの数字は，線を引く順番を表しています。ダイヤのマークを直線で順番につないでいくことで，答えとなるカタカナが読み取れるようになります。

最終問題

最終問題は，他のシートと組み合わせることが必要だと気づけるかどうかがポイントです。最終問題は四角の番号順に読み取ると推測し，ナゾ3と重ね合わせて読み取ります。

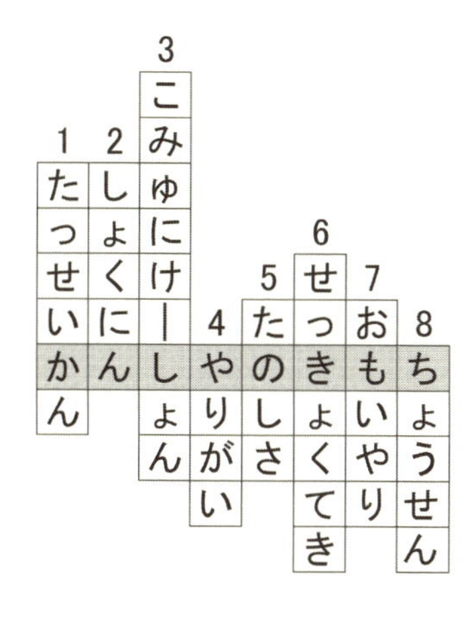

（こたえ）

1 たっせいかん

2 しょくにん

3 こみゅにけーしょん

4 やりがい

5 たのしさ

6 せっきょくてき

7 おもいやり

8 ちょうせん

最終問題　ハイタッチしろ

5 の補足

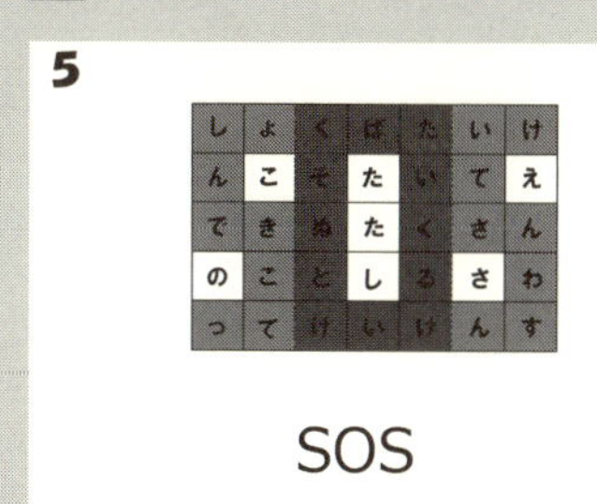

左上から横に読みます。

8 の補足

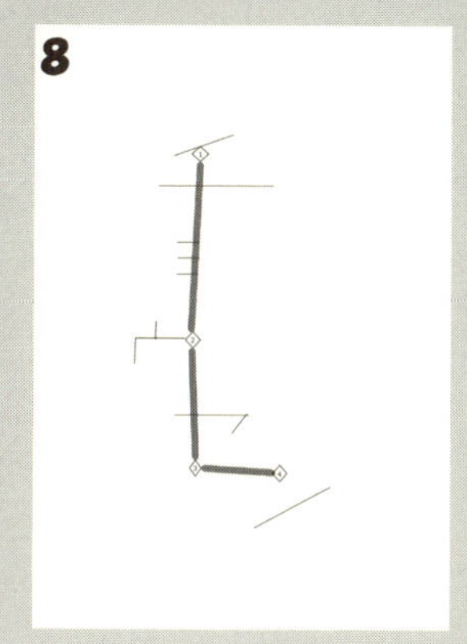

5 さぁ，２学期だ！ 次は何にチャレンジをする？

小学校高学年～高校・夏休み明けの実践例

皆さんはどんな夏休みを過ごしましたか？　どのような過ごし方をしたにせよ，すべてこれからの自分につながる何かがあったことでしょう。それに気づいている人もいれば，あとから気づく人もいます。つまり，自分の体験を**意味あること**にするのは自分です。夏休み明けのひらめき体験教室。コツは「考え続けること」「考え抜くこと」そして何より，間違いを恐れず，最後まであきらめず「チャレンジすること」です。では，始めましょう。

問題　ナゾを解き，ヒミツノアイコトバをみつけ，最終問題に挑め!!

※以下のナゾを，本書の HP（P11参照）から A4 サイズに印刷して使用します

1

夏休みが終わった。
やっと、ともだちに会える！！
夏休み前にもらった成績表をもってあるく。
みんな、夏休み中何してたのかな結果ぼくは
キャンプにはいけなかった。
そうめんは食べられたけど！
みんなはどうだったのだろう。
あした見てみれば答えが分かる。

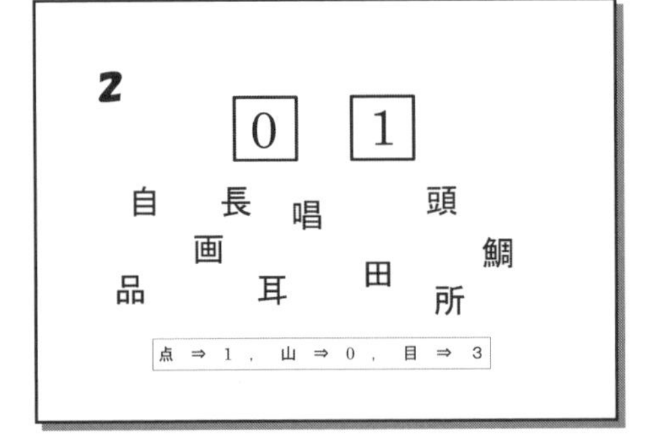

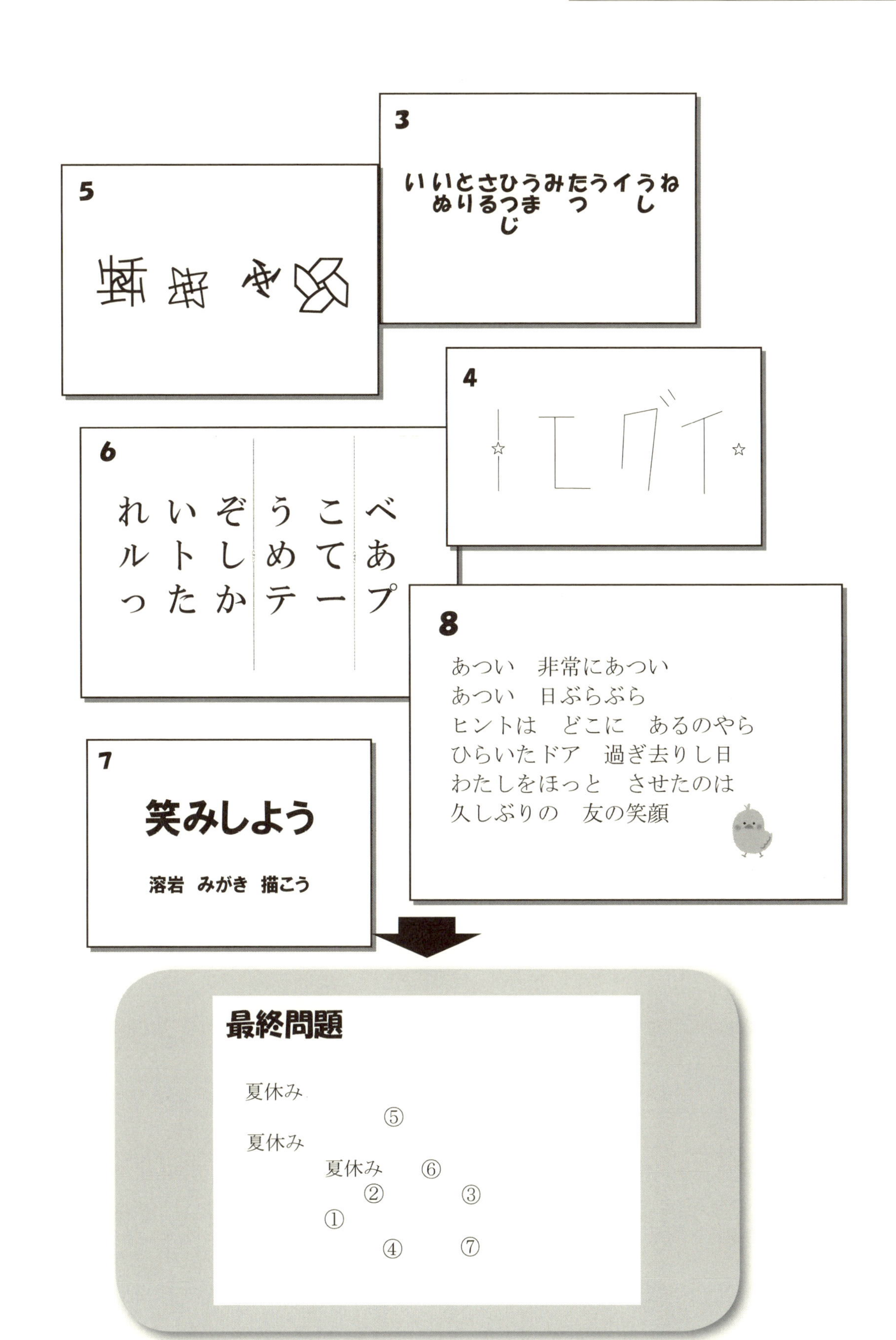
3
いいとさひうみたうイうね
ぬりるつま　つ　し
じ
5
4
☆　ヒグイ　☆
6
れいぞうこべ
ルトしめてあ
ったかテープ
8
あつい　非常にあつい
あつい　日ぶらぶら
ヒントは　どこに　あるのやら
ひらいたドア　過ぎ去りし日
わたしをほっと　させたのは
久しぶりの　友の笑顔
7
笑みしよう
溶岩　みがき　描こう
最終問題
夏休み
⑤
夏休み
夏休み　⑥
②　③
①
④　⑦

ナゾの解き方

1

最後の行の「あした」から「『あ』の下」を読み取っていきます。「『会』える」の下の「成」，「『あ』るく」の下の「果」が答えになります。

2

下の枠内に書かれている例をヒントに，上に書かれている数字に対応する漢字を考えます。数字は，漢字に含まれる四角の数を表しており，漢字の中で四角がないものが「長」，四角が１つのものは「所」となります。

3

右から干支の順に並んでおり，「とら」の部分が「イ」に変わっていることと解答欄のマスの数から「トライ」と考えられます。

4

星のマークを直線で結びカタカナの文字を読み取ります。

5

横に並んだ４つの形は，それぞれ，カタカナが上下左右に４つ組み合わさってできています。同じ文字が90度ずつ回転した形で組み合わさっているので，１つの形を４分割した右上の部分を読んでいきます。左から３つめの形は深めに重なっているため，少し難しくなっています。

6

点線の中に，小さな文字で＜ヤマ＞＜タニ＞と書かれていることから，ナゾの紙を点線の部分で山折り，谷折りにします。両端の文字しか見えなくなるので，見える文字のみを左上から右に向かって読んでいきます。

7

「溶岩（ようがん）」→「『よう』が『ん』」，「みがき」→「『み』が『き』」，「描こう（えがこう）」→「『え』が『こう』」の法則を表しています。この法則で「笑みしよう」を変換します。

8

挿絵の「ひよこ」を「『ひ』の横」と読みかえます。漢字やカタカナも含め，「ひ」の横にくる文字を読み取っていきます。すると，「ひ『じ』ょうに」「ひ『ぶ』らぶら」「ひ『ん』と」「ひ『ら』いた」「過ぎ去り『し』ひ」「ひ『さ』しぶり」となります。

最終問題

「夏休み」の文字の配置から，ナゾ１の紙と重ね合わせて使うことが予測できます。「夏休み」の位置を合わせ，最終問題の番号の順に重なったナゾ１の文字を透かして読んでいくと，「ハイタッチしろ」という文が出てきます。

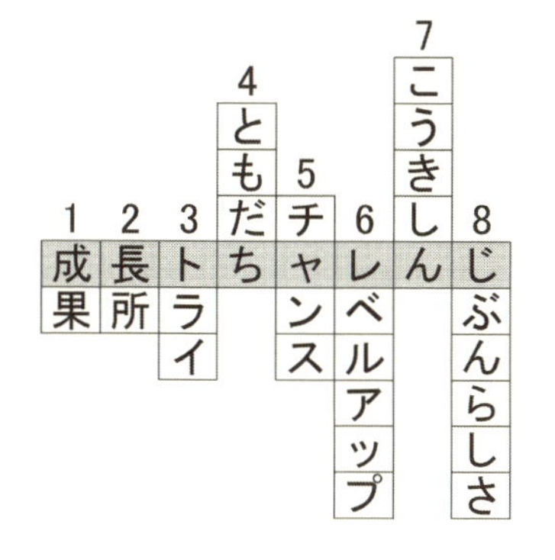

（こたえ）

1 成果
2 長所
3 トライ
4 ともだち
5 チャンス
6 レベルアップ
7 こうきしん
8 じぶんらしさ

最終問題 ハイタッチしろ

1 の補足

1

夏休みが終わった。
やっと、ともだちに会える！！
夏休み前にもらった成績表をもってあるく。
みんな、夏休み中何してたのかな結果ぼくは
キャンプにはいけなかった。
そうめんは食べられたけど！
みんなはどうだったのだろう。
あした見てみれば答えが分かる。

4 の補足

6 負けないぞ！

小学校・運動会前の実践例

運動会の練習が始まりました。運動が得意な子も，あまり得意ではない子も，みんな一緒になって取り組むことが運動会のよさでもあります。自分は今何をしなくてはならないか，何をすることがチームのためになるのか，考えながら行動することができるからです。それってすごいことだと思いませんか？　今日は，その練習も兼ねてひらめき体験教室をしましょう。コツは「考え続けること」「考え抜くこと」そして何より，間違いを恐れず，最後まであきらめず「チャレンジすること」です。では，始めましょう。

問題　ナゾを解き，ヒミツノアイコトバをみつけ，最終問題に挑め!!

※以下のナゾを，本書のHP（P11参照）からA4サイズに印刷して使用します

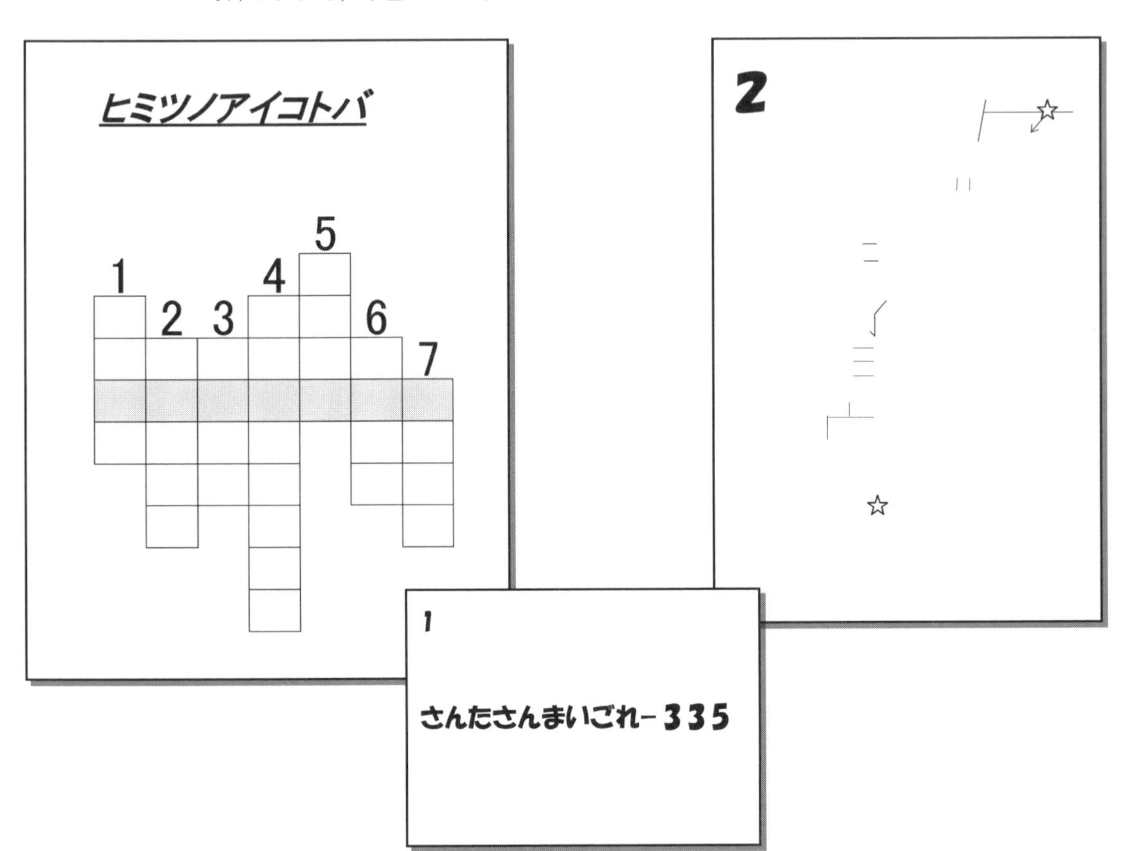

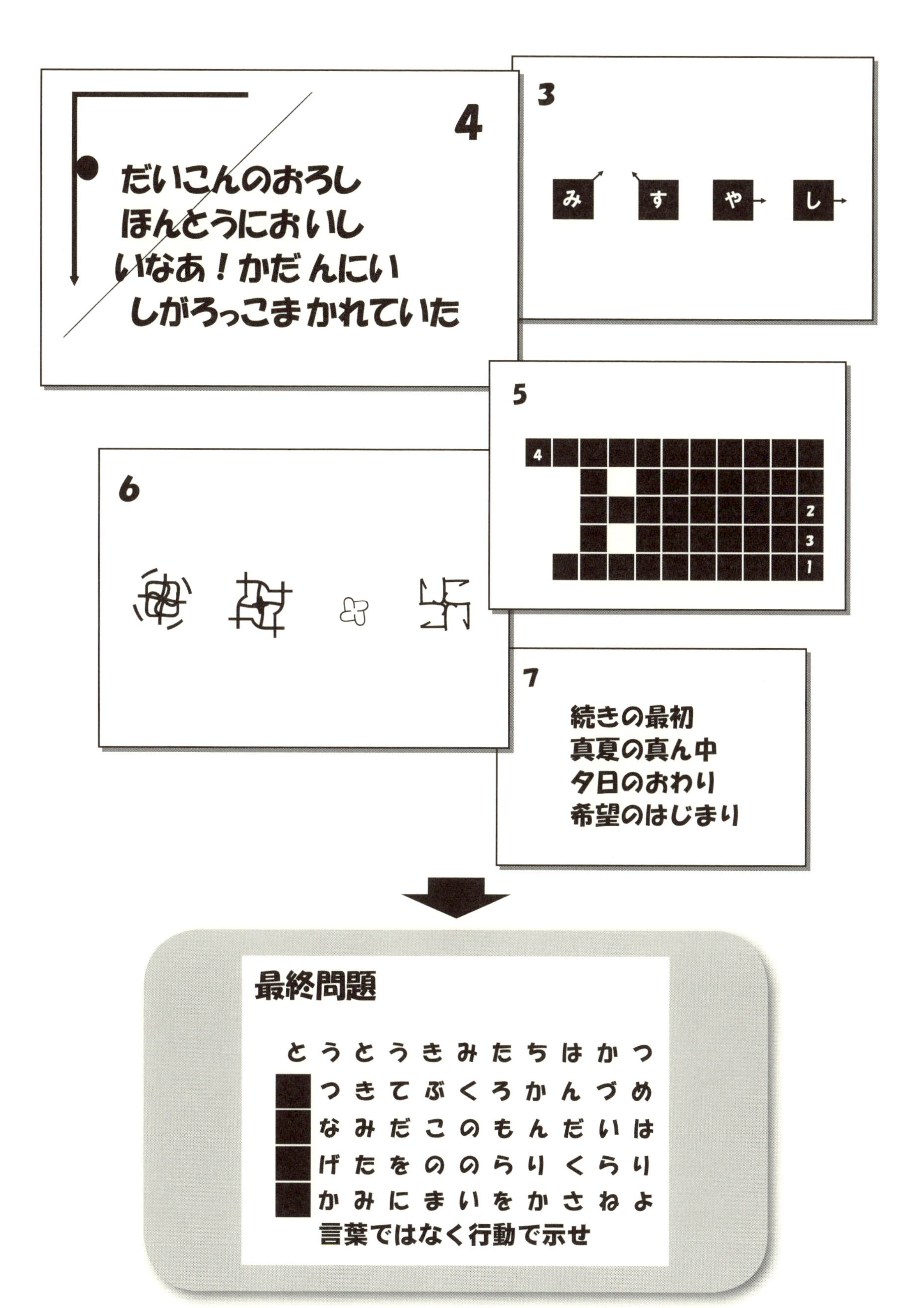
4
だいこんのおろし
ほんとうにおいし
いなあ！かだんにい
しがろっこまかれていた
3
み
す
や
し
5
4
2
3
1
6
7
続きの最初
真夏の真ん中
夕日のおわり
希望のはじまり
最終問題
とうとうきみたちはかつ
つきてぶくろかんづめ
なみだこのもんだいは
げたをののらりくらり
かみにまいをかさねよ
言葉ではなく行動で示せ

ナゾの解き方

1

真ん中の「－」はマイナスの記号で，右側の数字「335（さんさんご）を引く」ことを表しており，「さんたさんまいごれ」から「さん」「さん」「ご」の文字を消します。

2

線を引くことで文字が出てきます。右上の☆マークから矢印方向に直線を引くと，曲がっている矢印とつながります。そこから矢印に従ってさらに直線を引くことで線が足され，カタカナとして読めるようになります。

3

あいうえお表で，矢印の位置に該当する文字を考えます（例：「み」の右上は「は」）。

4

左上の斜めの線に沿うように紙を折ります。谷折りすると黒い矢印が透けて見えるので，矢印のすぐ横に書いてある文字を矢印の示す順番に透かして読んでいきます。途中の黒い丸は文字を隠す役割です。

5

全体の形があいうえお表を示しており，黒い四角一つ一つがひらがなを表しています。対応した位置のひらがなを数字の順に読み取っていきます。

6

横に並んだ４つの形は，それぞれ，ひらがなが上下左右に４つ組み合わさってできています。同じ文字が90度回転されて組み合わさっているので，１つの形を４分割した右上の部分を読んでいきます。

7

各行の「の」をはさんで右側の言葉（例：「最初」）は，左側の言葉（例：「続き」）の文字を読む場所を表しています。左側の言葉をひらがな読みにして，該当する位置の文字を読みます（例：続きの最初→「つ」）。

最終問題

左にある黒い四角と文字の配列から，ナゾ５と関係があることが予測できます。最終問題とナゾ５を重ね合わせ，透かして見ます。すると，黒い四角の部分が読めなくなり，「てをつなげ」という文字が見えます。

ヒミツノアイコトバ

1	2	3	4	5	6	7
				お		
た			お	う		
ま	け	は	お	え	か	
い	っ	ち	だ	ん	け	つ
れ	し	ま	ま		っ	な
	ょ	き	こ		こ	ひ
	う		ろ			き
			が			
			し			

（こたえ）

1 たまいれ

2 けっしょう

3 はちまき

4 おおだまころがし

5 おうえん

6 かけっこ

7 つなひき

最終問題 てをつなげ

2 の補足

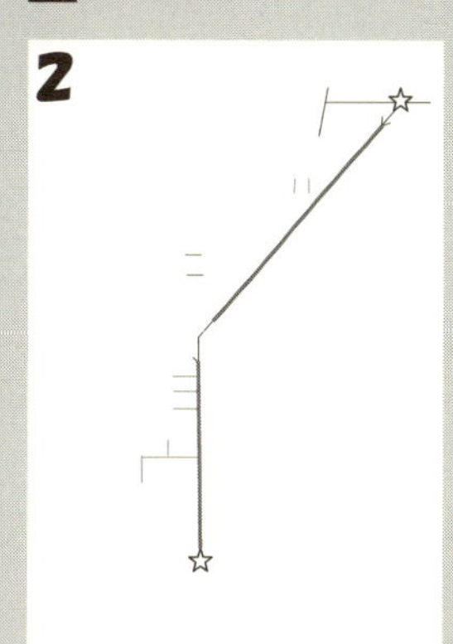

7 さぁ，勝つぞ！

中学校～高校・体育祭前の実践例

体育祭では，みんなをまとめたり運動が得意だったりする人が目立ちますが，人それぞれにいいところや得意とするところがあることは，みなさんも知っていると思います。今日は，体育祭の練習が始まる前に，ひらめき体験教室を通して，**今まで見えなかった仲間のすごさ**を実感したいと思います。そのためのコツは，仲間と一緒に「考え続けること」「考え抜くこと」，そして何より，間違いを恐れず，最後まであきらめず「チャレンジすること」です。では，始めましょう。

問題 ナゾを解き，ヒミツノアイコトバをみつけ，最終問題に挑め !!

※以下のナゾを，本書の HP（P11参照）から A4 サイズに印刷して使用します

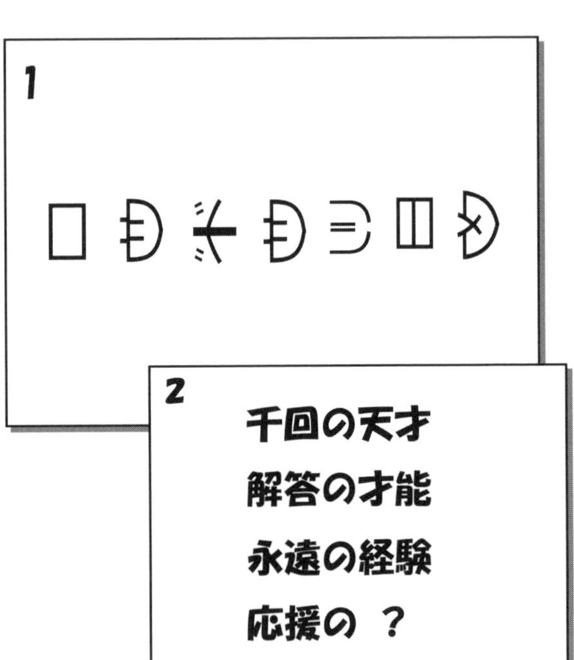

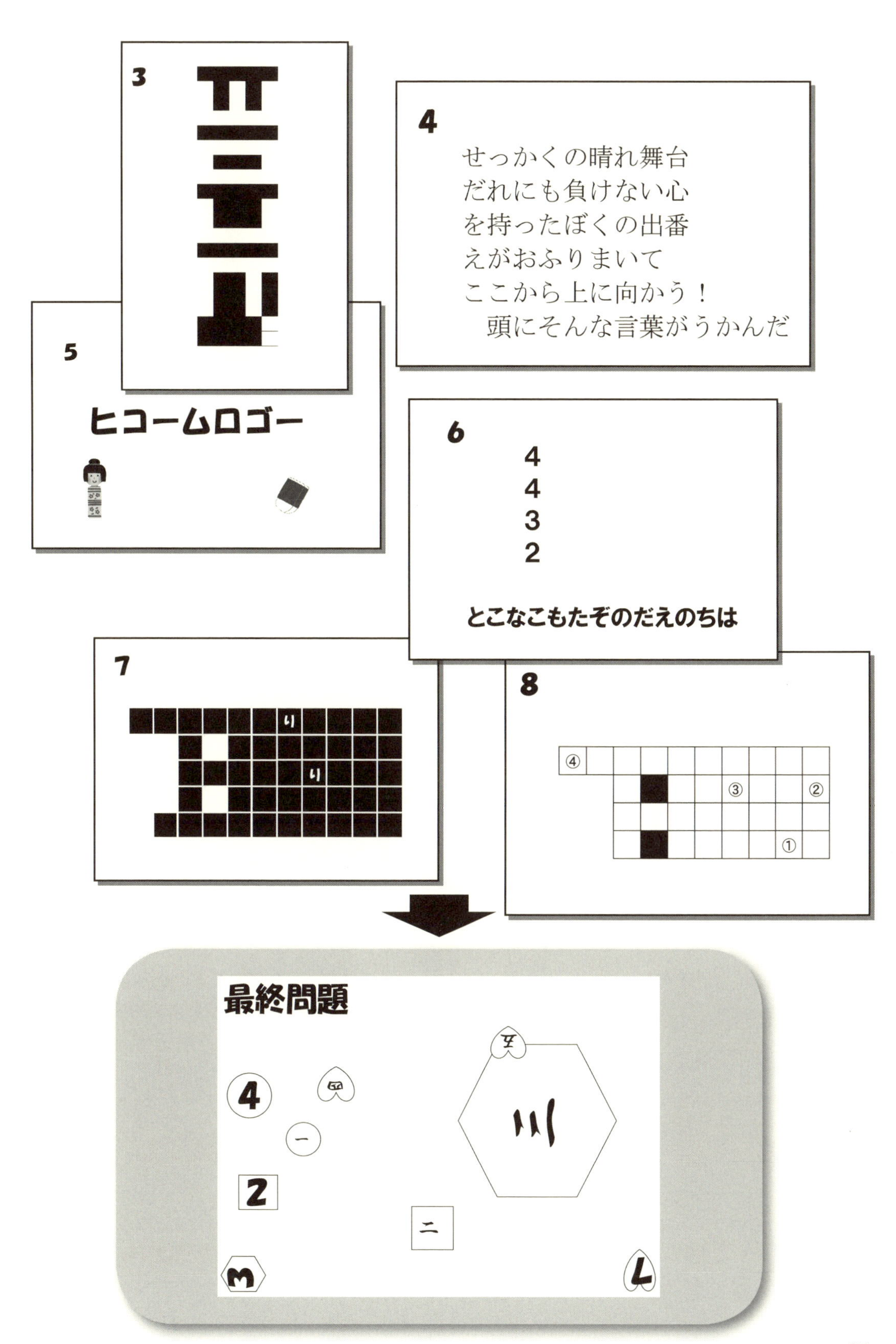
3
4
せっかくの晴れ舞台
だれにも負けない心
を持ったぼくの出番
えがおふりまいて
ここから上に向かう！
頭にそんな言葉がうかんだ
5
ヒコームロゴー
6
4
4
3
2
とこなこもたぞのだえのちは
7
り
り
8
④
③
②
①
最終問題
4
2
一
二
川

ナゾの解き方

1

ナゾの紙をタテ向きで見たとき，同じ文字が鏡写しで２つ組み合わさっています。文字が少し重なっているため，どこの線がどちらの文字の一部かも考えます。

2

上の３つの例から，一番下の「？」に何が入るかを考えます。「の」をはさんだ左側の言葉をひらがなに変えた（例：「せんかい」）とき，最初の文字と３番目の文字がかわっています。これは，あいうえお表で見たときに，１つ左の行で同じ段の文字にかわっています。（例：「千回の天才」「せ」サ行→「て」タ行，「か」カ行→「さ」サ行）

3

黒い部分ではなく，白い部分に注目します。紙を左に90度回し，上と下に線を引き記号と記号の間にある白い部分に注目すると，カタカナが見えてきます。

4

下から２行目，「ここから上へ向かう！」と，一番下の行，「頭にそんな言葉が浮かんだ」より，下から２行目の頭文字，「こ」から上向きに行の先頭の文字を読んでいきます。

5

挿絵がヒントになっています。挿絵を「『こ』けし」「消し『ゴム』」と読み換え，「コ」「ゴ」「ム」を消します。残った文字が答えとなります。

6

数字はその行に並ぶ文字数を表しています。下の文字を，数字の文字数ごとに改行し，右からタテ向きに読むことで答えが出ます。すると，「このなぞのこたえはともだち」となります。

7

全体の形があいうえお表になっており，黒い四角一つ一つがひらがなを表しています。「つ」と「な」の位置に「り」が入っていることから「つながり」となります。

8

ナゾ７のあいうえお表の一部を，白黒反転させた表です。黒い四角（あいうえお表の空いている部分）や表の形から推測し，それぞれに対応する文字を考えて拾い読みしていきます。あ行とお段がないことに注意が必要です。

最終問題

算用数字，漢数字，それを囲む図形が何を示しているかを考え，複数枚のナゾを重ね合わせながら読み取っていきます。まず，「算用数字」は最終問題とペアで使うナゾの番号を表しています。つまり，ここでは４枚のナゾのシートを使用します。次に，算用数字を囲む「図形」は，シートを重ねたときに，読み取る文字の位置を表しています。例えば４のシートを重ねたときは，同じ○で囲まれた一の位置の文字を読みます。最後に，「漢数字」は，読み取った文字が答えの何文字目にあたるかを表しています。つまり，ここでは五文字の言葉が答えになります。

ヒミツノアイコトバ

			4				8
		3	こ				せ
1	2	よ	え	5	6	7	き
こ	こ	ろ	を	ヒ	と	つ	に
う	う	こ	だ	｜	も	な	ん
ど	け	び	せ	ロ	だ	が	
う	ん			｜	ち	り	
り							
ょ							
く							

（こたえ）

1. こうどうりょく
2. こうけん
3. よろこび
4. こえをだせ
5. ヒーロー
6. ともだち
7. つながり
8. せきにん

最終問題　せのびせよ

最終問題 の補足

ナゾ2と重ねたとき→二文字目「の」

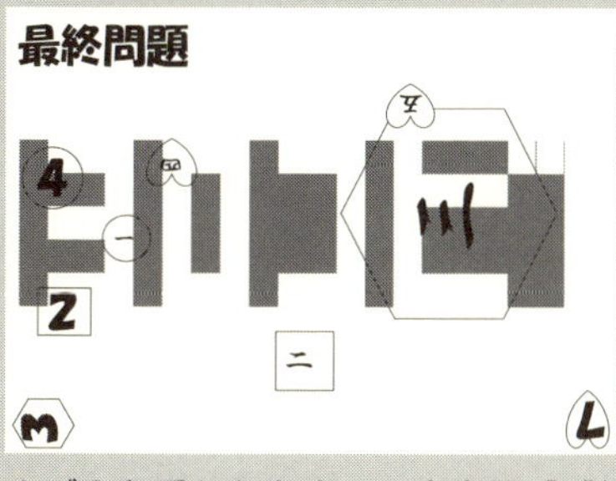

ナゾ3と重ねたとき→三文字目「ビ」

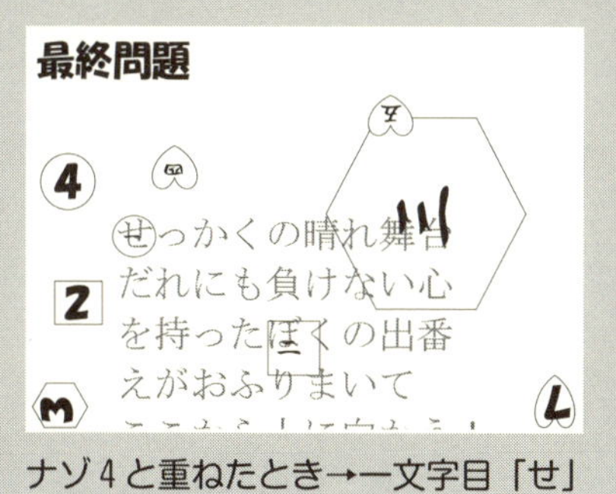

ナゾ4と重ねたとき→一文字目「せ」

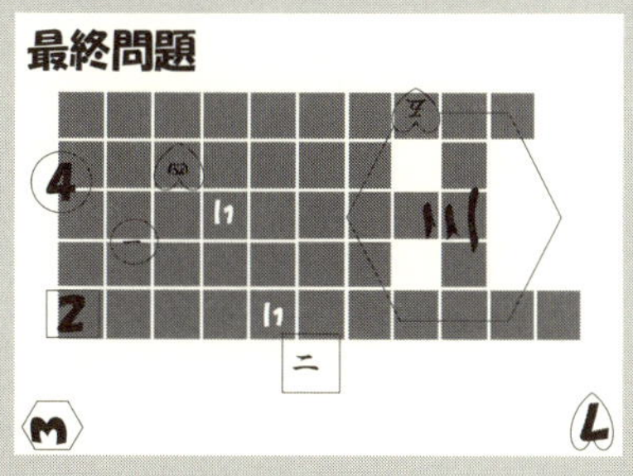

ナゾ7と重ねたとき
→四文字目「せ」，五文字目「よ」

8 なにかを創り上げるということ

中学校～高校・文化祭準備前の実践例

もうすぐ文化祭です。今年の文化祭を，今までとは一味違ったものにするためには，どうすればいいでしょう。文化祭には答えがありません。どうすればいいのか，何をすればいいのか，自分たちで考えていくしかないのです。そこで，文化祭のための頭ほぐし準備体操としてひらめき体験教室をしたいと思います。コツは「考え続けること」「考え抜くこと」，そして何より，間違いを恐れず，最後まであきらめず「チャレンジすること」です。では，始めましょう。

問題 ナゾを解き，ヒミツノアイコトバをみつけ，最終問題に挑め!!

※以下のナゾを，本書のHP（P11参照）からA4サイズに印刷して使用します

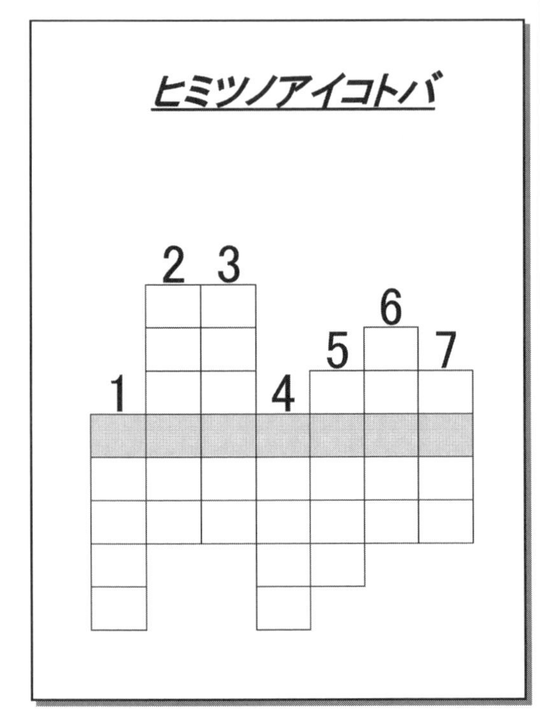

1

ゼロからつくりだす楽しさ。
みんなと助けあえば
自分のげんかいもこえられる。

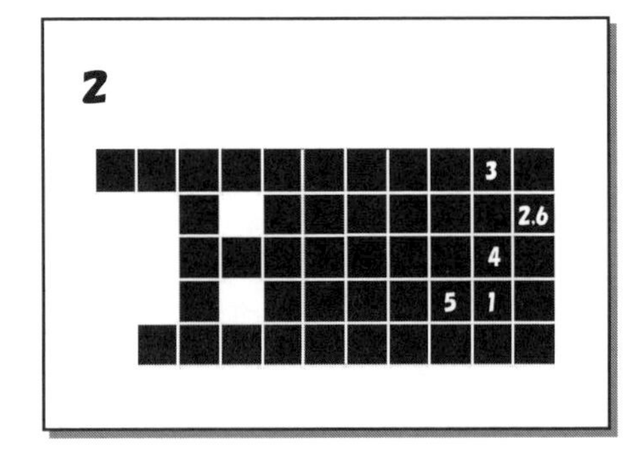

3

し　い　ら　ゆ　え　て

4

＋＝す1＋あ11

5

6

なこした
あえいは
4×2→2×4

7

い	に	②④	③	ご	ろ	し	は	き	じ
ひ	ふ	み	よ	い	む	な	①	こ	と

最終問題

とうとうきみたちはかつ
■たきてぶくろかんづめ
■たみだこのもんだいは
■けたをののらりくらり
■かみにまいをかさねよ

言葉ではなく行動で示せ

ナゾの解き方

1

左下にある欠けている数字が，ナゾの番号の数字の一部を表しています。欠けている文字とナゾの番号の数字が重なるように半分に折り，○の中に入る文字を左上から右向きに透かして読んでいきます。

2

全体の形があいうえお表になっており，黒い四角一つ一つがひらがなを表しています。数字の順に対応した位置のひらがなを読み取っていきます。2と6が同じマスに入っているのは，そのマスに対応するひらがなを2回読むためです。

3

あいうえお表で，矢印の位置に該当する文字を考えます（例：「し」の右上は「か」)。

4

一見すると数字や記号の組み合わせのようですが，ひらがなを表しています。「＋＝」→「た」，「1＋」→「け」，「11」→「い」となります。

5

横に並んだ5つの形は，それぞれ，ひらがなが上下左右に4つ組み合わさってできています。同じ文字が90度ずつ回転した形で組み合わさっており，1つの形を4分割した右上の部分を読んでいきます。

6

4×2は，4文字×2行を表しています。4文字2行の文字列を，左上から2文字×4行に改行し，一番右の列からタテ向きに読むと答えになります。

7

上の表は左から順に「いち，に，さん，し……」，下の表は左から順に「ひとつ，ふたつ，みっつ，よっつ……」と数え方の頭文字を表しています。番号の順に対応する文字を読み取っていきます。

最終問題

左にある黒い四角と文字の配置から，ナゾ2と関係があることが予測できます。最終問題とナゾ2を重ね合わせ，透かして見ます。すると，黒い四角の部分が読めなくなり，「てをたたけ」という文字が見えます。

ヒミツノアイコトバ

1	2	3	4	5	6	7
	け	か				
	い	か			は	
	か	わ		か	な	や
つ	く	る	た	の	し	さ
み	せ	こ	す	う	あ	し
あ	い	と	け	せ	い	さ
げ			あ	い		
る			い			

（こたえ）

1　つみあげる
2　けいかくせい
3　かかわること
4　たすけあい
5　かのうせい
6　はなしあい
7　やさしさ

最終問題　てをたたけ

6 の補足

なこ
した
あえ
いは

9 みんなで声をあわせよう

中学校合唱コンクール・小学校高学年音楽発表会の実践例

合唱は，自分を信じることと仲間を信じることで成り立ちます。このメンバーだからできる，という強い絆が大切です。そこで，合唱コンクールの練習期間に入る前に，ひらめき体験教室を行いたいと思います。複数のナゾを仲間と共に解いていくうちに，きっと絆も深まることでしょう。ナゾを解くには「考え続けること」「考え抜くこと」，そして何より，間違いを恐れず，最後まであきらめず「チャレンジすること」が大切です。では，始めましょう。

問題 ナゾを解き，ヒミツノアイコトバをみつけ，最終問題に挑め !!

※以下のナゾを，本書の HP（P11参照）から A4 サイズに印刷して使用します

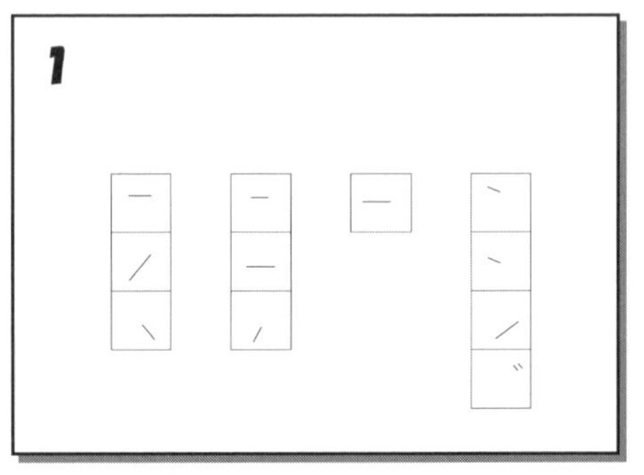

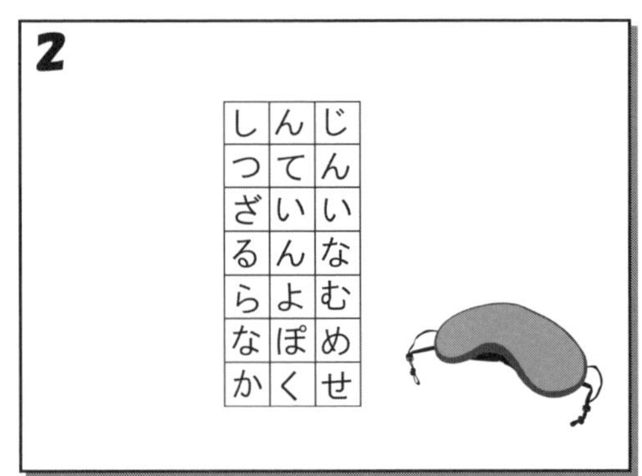

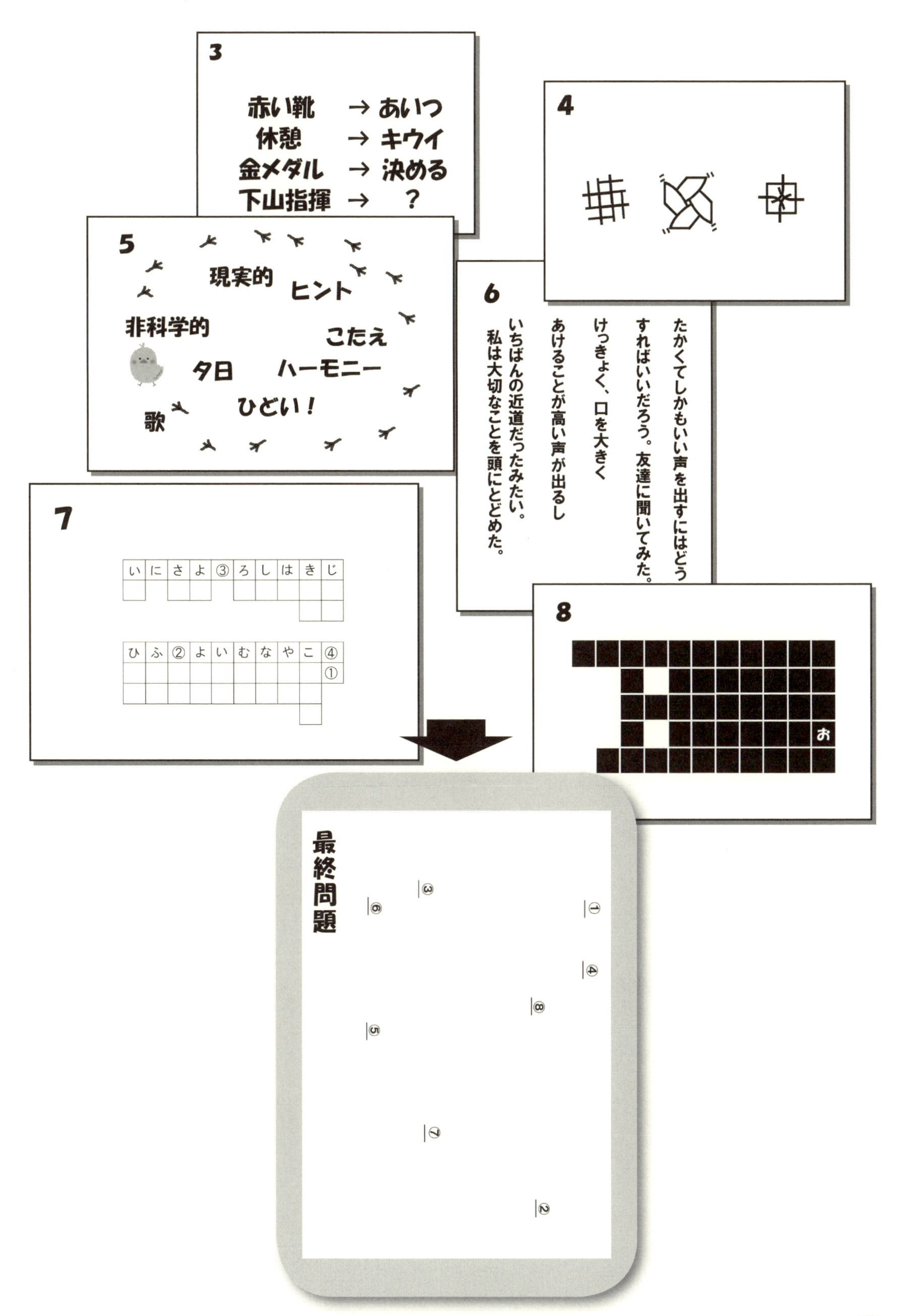
3
赤い靴 → あいつ
休憩 → キウイ
金メダル → 決める
下山指揮 → ？
4
5
現実的
ヒント
非科学的
こたえ
夕日
ハーモニー
ひどい！
歌
6
たかくてしかもいい声を出すにはどう
すればいいだろう。友達に聞いてみた。
けっきょく、口を大きく
あけることが高い声が出るし
いちばんの近道だったみたい。
私は大切なことを頭にとどめた。
7
い に さ よ ③ ろ し は き じ
ひ ふ ② よ い む な や こ ④
①
8
お
最終問題
③
⑥
①
④
⑧
⑤
⑦
②

ナゾの解き方

1

カタカナが分解されて１マスごとに書かれています。それぞれの列ごとに，マスに書かれた線を組み合わせると，カタカナができます。

2

挿絵の「目隠し」がヒントです。漢字の「目」の形になるようにマス目を消したとき，残った文字を読み取ります。

3

上の３つをヒントに「？」を考えます。左側の言葉をひらがなに直し（例：「あかいくつ」），１つ飛ばしで文字を消したものが右側の言葉（例：「あいつ」）になります。同様に，一番下の「下山指揮（げざんしき）」も１つ飛ばしで文字を消します。

4

横に並んだ３つの形は，それぞれ，カタカナが上下左右に４つ組み合わさってできています。同じ文字が90度回転されて組み合わさっており，１つの形を４分割して読んでいきます。３文字目は深めに組み合わさっているため，少し難しくなっています。

5

挿絵の「ひよこ」を「『ひ』の横」と読みかえることができます。ひらがなに変えたときの「ひ」の横にくる文字を，ひよこの足跡の方向で読み取ると，「ひ『か』がくてき」「ひ『ん』と」「ひ『ど』い！」「ゆ『う』ひ」となります。

6

最後の行の「大切なことを頭にとどめた」から，それぞれ行の一番上の文字を右から順に読み取っていきます。

7

上の表は左から順に「いち，に，さん，よん……」，下の表は左から順に「ひとつ，ふたつ，みっつ……」と数字の読み方を表しています。空欄に書かれた番号にあてはまる文字を読み取っていきます。

8

全体の形があいうえお表になっており，黒い四角一つ一つがひらがなを表しています。一番右上に「あ」がくると考えたとき，「え」の位置に「お」が入っています。「え」が「お」になっていることから，答え「えがお」となります。

最終問題

「最終問題」という文字が紙のタテ向きに書かれていることから，タテ向きのナゾ６に重ねます。最終問題の番号と重なった部分のナゾ６の文字を，数字の順に透かして読むと，「かたあしだちしろ」となります。

ヒミツノアイコトバ

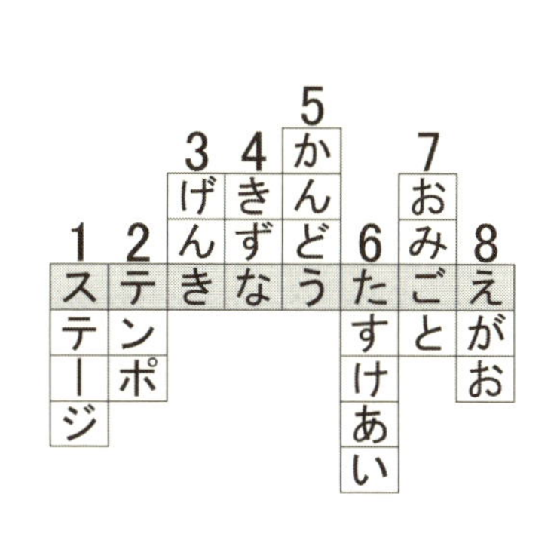

（こたえ）

1 ステージ
2 テンポ
3 げんき
4 きずな
5 かんどう
6 たすけあい
7 ゆうごう
8 えがお

最終問題　かたあしだちしろ

2 の補足

2

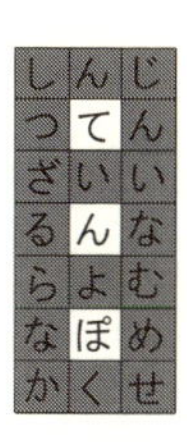

10 別れの言葉

中学3年生・卒業前の実践例

中学校へ入学して3年。この学校で，この教室で，同じ時間と空間を過ごした仲間とのひらめき体験教室も，今日が最後となります。今までこの活動を通して身につけた，**「考え続けること」「考え抜くこと」**そして何より，間違いを恐れず，最後まであきらめず**「チャレンジすること」**を体中で感じてください。4月から始まる新しい生活の中でも，今日のこの体験がきっと役に立つことでしょう。自分を信じて，仲間を信じて。では，始めましょう。

問題 ナゾを解き，ヒミツノアイコトバをみつけ，最終問題に挑め!!

※以下のナゾを，本書のHP（P11参照）からA4サイズに印刷して使用します

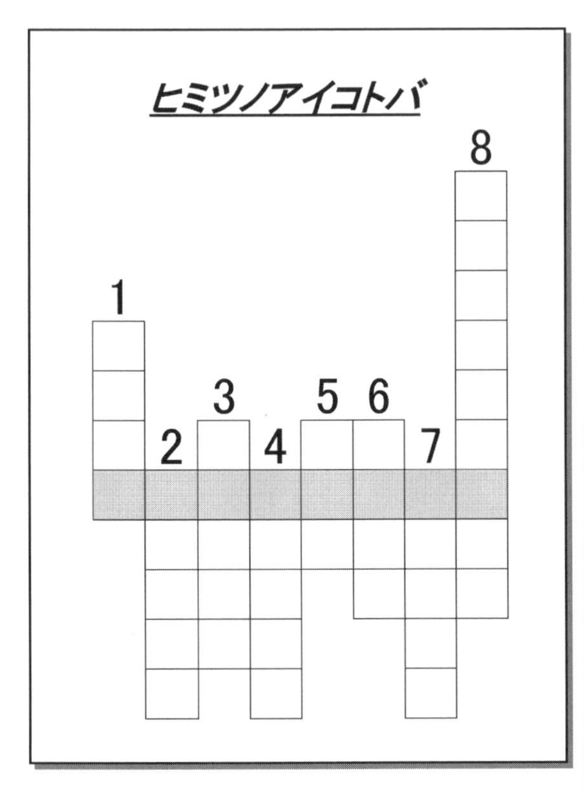

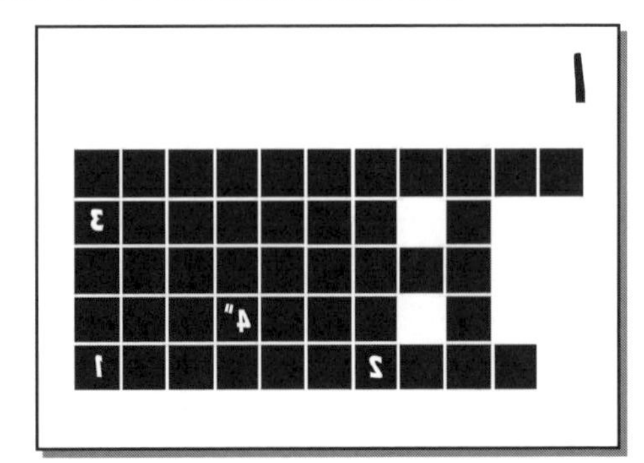

2

腕時計を作ろう。

あう気があれば

いつもの通りで

えいがどうって

二人うちとけて

そういえたのに

3

がっこうせいかつも終わりに近づいてきた。
休みの日はちょっと早起きしていっぱい遊んだ。
しかし今振り返ればいっしゅんの出来事だった。
あの8月に、困っていた私はちからをみんなからもらった。
私は大切なものを鉢植えに隠した。

4

ちただこじえいの
ょはのもうにこん

4×4

6

げ		す	も	き		に
	①			②	③	
④	④	④	④	④	④	④

5

7

十発一

8

引
協　**感**
書　**業**
真　**心**
授　**写**
謝　**力**
卒

六　二　四　九

L 最終問題

か よ く ぞ こ こ ま で と い た な
い ■ し た は る め で も た べ る
し ■ ゅ た く さ ん た め し て ね
ろ ■ を お く の ち か く の な ぞ
■ か み に ま い を か さ ね よ

言葉ではなく行動で示せ

ナゾの解き方

1

あいうえお表が，左右反転しています。黒い四角一つ一つはひらがなを表しており，それぞれの番号に対応する位置のひらがなを読み取っていきます。

2

「腕時計を作ろう」がヒントです。横１列をそのまま使い，タテに「うでどけい」の文字が揃うようにそれぞれの列を移動させます。すると，「うでどけい」の文字の左横に答えが出てきます。ハサミを使うとわかりやすいでしょう。

3

文の最終行にある「鉢植え」を「『はち』の上」と読みかえ，「はち」の上の文字を読みます。文中の「休みの日『はち』ょっと」の上の「せい」，数字の「８」の上の「し」，「私『はち』から」の上の「ゅん」を続けて読むと答えになります。

4

４×４は，４文字×４行を表しています。８文字２行の文字列を，左上の文字から順に４文字４行へ改行し，一番右上の列からタテ向きに読むと答えになります。

5

横に並んだ３つの形は，それぞれ，カタカナが上下左右に４つ組み合わさってできています。上下と左右が鏡写しの形で組み合わさっているので，１つの形を４分割した右上の部分を読んでいきます。

6

わかっている文字と列の数，共通する文字（④の「う」）から曜日であることを予測し，番号の順に対応した文字を読み取ります。左から月曜日（「げつようび」）から日曜日（「にちようび」）のひらがなが入るようになっています。

7

真ん中の「－」はマイナスで，右側の大きな２つの点は濁点を表しています。「じゅっぱつ」の「じ」から濁点を引くと答えになります。

8

円形に並んでいる漢字は，時計の文字盤を表しています。円形に並んでいること，漢字の数が12個であることから時計であることを予測し，下に書かれている漢数字に対応した場所にある漢字を読み取ります。

最終問題

最終問題とナゾ１の紙を重ね，透かして見たときに黒い四角とかぶらない文字を読み取ります。ナゾ１が鏡写しになっているため，重ねるとき裏表が逆になることに注意が必要です。最終問題の左上に書いてある「L」と，ナゾ１の「１」が重なって「４」になり，答えは「はくしゅを４かいしろ」となります。

ヒミツノアイコトバ

							8
							そ
							つ
1							ぎ
お							ょ
も		3		5	6		う
い	2	せ	4	な	か	7	し
で	あ	い	に	か	ん	し	ゃ
	り	し	ち	ま	ど	ゅ	し
	が	ゅ	じ		う	っ	ん
	と	ん	ょ			ぱ	
	う		う			つ	

（こたえ）

1 おもいで
2 ありがとう
3 せいしゅん
4 にちじょう
5 なかま
6 かんどう
7 しゅっぱつ
8 そつぎょうしゃしん

最終問題　はくしゅを４かいしろ

2 の補足

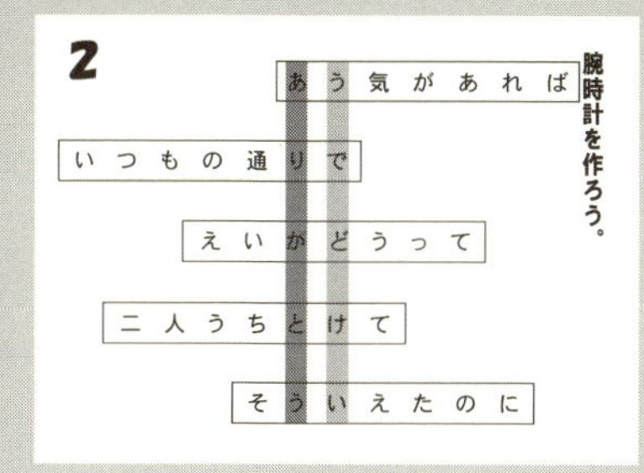

4 の補足

ちただこ
じえいの
ょはのも
うにこん

少人数の学校で縦のつながりが強まる

秋森美奈子

1 ひらめき体験教室との出会い

本校は3つの小学校が統合された新設7年目の学校で，子どもたちはみな素直で明るく心優しいです。美しい海と山に囲まれた豊かな自然の中に学校はあり，落ち着いた環境の中，子どもたちは真面目に学習や活動に取り組むことができます。その一方で，単式学級のためクラス替えもなく，6年間同じ友達と過ごすため，人間関係が固定化しています。そのため，固定化された狭い人間関係に阻まれ，子どもたちの自尊感情や自己有用感が低いことも課題でした。

教職員による子どもの実態把握および年間2回行う，よりよい学校生活と友達づくりのためのアンケート「*hyper*-QU」をもとに考察し，構成的グループエンカウンターやソーシャルスキルトレーニングなどの仲間づくりを，学級の取り組みとして実施してきました。学校の規模が非常に小さく少人数なので，同学年だけでなく異学年で交流できる手法を模索していた中，今回の「ひらめき体験教室」のお話をいただき，実施してみることになりました。

2 学年を超えてつながれる

「ひらめき体験教室」の1回目は，鹿嶋真弓先生と高知大学大学院生に行ってもらい，進め方や子どもたちへの声かけの仕方，関わり方，評価の方法などを学びました。2回目は，問題づくりから教職員で行いました。問題づくりは，我々のような頭の固い大人にとっては頭をひねりながらの作業で大変でした。しかし，子どもたちの様子を思い浮かべながら問題をつくり，それを教職員同士で解いてみることで，教師同士のコミュニケーションがとれ，協力関係もよくなりました。子どもたちも「ひらめき体験教室」は2回目ということもあり，スムーズに動くことができ，楽しみながら協力体験を行う姿が見られました。「やりたくない」と活動に入らない子どもは1人もおらず，全員参加で行うことができました。

本校では，全校児童の縦割り班を組織し，掃除など縦割り班で行っています。ふだん高学年は「リーダーとしてあてにされて当然」「低学年のお世話をするのは当たり前」という立場ですが，この「ひらめき体験教室」は低学年が謎を解き，それをヒントにすることで高学年の謎が解ける仕組みになっているので，低学年の子どもたちが「自分たちが上級生の役に立った」という喜びや達成感を味わうことができました。低学年が謎を解いてヒントを持っていくと，高学年から「ありがとう」と拍手が起こる場面もあり，お互いを大切にし合う様子も見られました。教師側も普段は必要以上に説明しがちですが，活動を始める前は，説明をあえて必要最小限に留めることで，子どもたちが進んで動く姿が見られました。このことから，やはり**説明や指示は重要な部分だけ押さえて簡潔に**，ということがいかに大切かということを感じました。

3 ひらめき体験教室で得たもの

子どもたちからは「自分１人では絶対に解けない問題が，班の人と協力することで解けてうれしかった」「低学年チームがヒントを持ってきてくれたおかげでなぞが解けてよかった」「○○くんがつぶやいてくれたことでひらめくことができてよかった。自分も役に立つことができてうれしい」などという声が聞かれました。子どもたちは，時間いっぱい謎を解くことでやりきったという達成感や，自分も役に立つことができたという自己有用感を感じることができたようです。

子どもたちの普段には見られない生き生きとした表情や行動する姿が，今年度もたくさん見られるように，このような活動を多く仕組んでいきたいと思っています。

誰でも夢中になれる「ひらめき体験教室」

田村綾

1 はじめに

中学３年生の年度初め，学級開きをした翌日に「ひらめき体験教室」を行いました。この日を選んだのは，生徒たちに「自分や友達の良さ」に気づくことから新年度をスタートして欲しかったからです。小学校の６年間同じ集団で成長し，そのまま上がった中学校では，２年間続けてお世話になった担任が異動になりました。生徒達の不安は大きかったはずです。しかし，だからこそ，今がチャンスだと思いました。学年団の先生も全員入れ替わりになった新年度，この時が，新しい自分達や新しい先生方との出会いの日になるはず！　そんな思いで実施しました。

2 どんな子どもでも変われる，輝ける

活動が始まって５分ちょっと。教科の授業ではほとんど活躍することのない A 君がどんどん問題を解いていく。その横で，「これは？　え？　どういう意味？」と質問する B 君。その横から割り込んで意見を言おうとする班長の C さんを，「ちょっと待って」と B 君がさりげなく制すると，みんなが A 君の意見を「おー！」「そっかー」などと言いながら聞き始めた。そんな様子を見ていて，B 君の「友達のよさを引き出す力」と，班員みんなの姿に感動し，始まって５分で目頭が熱くなりました。

活動後の生徒の感想には，「**自分ってすごいと思えた**」というものもありました。それもこの活動のすごさ。予想以上だったのが，最初は活動に入ろうとしていなかった D 君が，「頭を使ってすごく疲れた」と感想を発表したことです。こんなに一生懸命に考えたのは初めてだったのか，D 君の疲労感はいままで味わったことのない感覚だったようで，「疲れた！　頭がパンクしそう！」と，キラキラした笑顔で何度も言ってくれました。その後の職員室でも，「D 君はあんなに真剣にできるがやね。しかも，自分から頑張ったことを発表できたし，よっぽど頑張ったがやね」と，学年団での話題に上りました。また以前は，「班員がまとまらず，どうしていいかわからない」と困っていた班長さんの活動後の日誌には，「班員がこんなに団結したのは初めてでした。すごく仲が良くなった気がします」という感想がありました。他の班員の感想には，「意外な人がどんどん解いていてすごいと思った」「みんなで解くのが楽しかった」というものも

あり，その後のこの班の様子は，活動の前日とは全く違っていました。

活動後に書いたふりかえりシートは，当日は時間があまりなかったので，翌日の１時間目の道徳の時間に読み上げました。「色々な角度から考えることが大事」「難しかった。悔しかったけどまたやりたい」といった感想の後，「みんなでやることの楽しさ」「友達の力に気づいた」「自分の力に気づいた」という感想を読み上げました。それを聞いた生徒たちの反応が私にはとても印象的でした。普段言葉に出しにくく照れくさいことを，素直に感じたり，書いたりしている友達が何人もいることに驚いたのか，心が動いたのか。生徒たちは真剣に，そして嬉しそうに笑顔を浮かべながらじっと聞き入ってくれました。「同じ活動をしたのに，感じることってこんなに違うんだね。こんな素敵な考え，独り占めしたらもったいないから，みんなで共有していきたいね」と生徒たちは話しました。意見が出しにくいこの時期ですが，こういった機会を重ねることで変わってくのだと実感しています。

3 子どもたちの輝き，先生にも

そして，私が一番驚いているのは，職員室での会話の変化です。年度始めのこの時期，全国学力・学習状況調査や，昨年度までの生徒や学級の課題の引継ぎなどが話題の中心になりやすいところではないでしょうか。ところが，活動の翌朝，最初に上った話題は，「ひらめき体験教室」での生徒の頑張りや，楽しく生き生きとした姿でした。**教員にも自然といままでわからなかった生徒のよさが見えてくる**のです！　最初には，思い切って他の先生方にも参加してもらうのがお勧めです。教員も実際に活動に参加することで，「ひらめき体験教室」の持つ力や，生徒の良さがより見えやすくなります。

4 楽しめるのは，子どもだけじゃない

私の親戚の出来事です。「ひらめき体験教室」を体験したことのある小学４年生と６年生の甥と姪が，私に「問題出して」というのでいくつか準備すると，２人は「あぁでもない，こうでもない」と話して解いている。そこへ，子どもたちの母親がやって来て，「んー，わからん」と話していると，横からじーっと見ていた父親が「わかった」と突然入って来た。そのうちに，祖父母も加わり，３世代でテーブルを囲み一生懸命意見を出し合っている。こんな光景は初めてでした。「お父さん，すごい！」の声に誇らしげな父親と，「本当，すごいね」と，父親の意外な力に感動する母親の姿に嬉しそうな子どもたち。

「ひらめき体験教室」は，「世代を超えて，誰もが夢中になれる」，そして「家族（夫婦でさえも）」の距離をも自然と近づける，そんなすごい力のある活動です。

第4章

オリジナルの活動をつくろう！

1 ナゾのつくり方

ナゾの作成は，次の４段階で行います。P91の設計シートを活用してください。

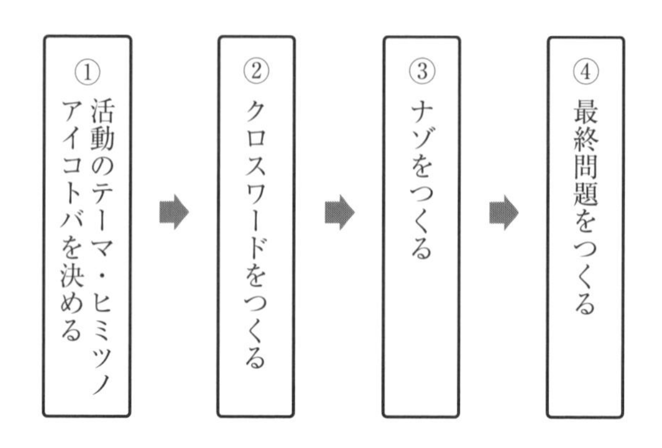

1 活動のテーマ・ヒミツノアイコトバを決める

はじめに，ひらめき体験教室のテーマを決めます。例えば，「運動会」や「職場体験」など，活動のねらいにあわせてテーマを決めます。

次に，ヒミツノアイコトバ（クロスワードの答えとなる部分）を考えます。ヒミツノアイコトバは，子どもに一番大切にしてほしい，教師が伝えたいメッセージです。例えば，「職場体験」をテーマに，「かんしゃのきもち」をヒミツノアイコトバとします。

ヒミツノアイコトバの字数＝ナゾの問題数となるので，ヒミツノアイコトバは７～８文字くらいのものを考えます。

2 クロスワードをつくる

クロスワードは，活動のテーマから連想される言葉（キーワード）を使って作成します。まずは，キーワードをたくさん考えます。このキーワードの数が多いほど，クロスワードがつくりやすくなります。

例：テーマ「職場体験」
キーワード：ちょうせん，やりがい，たのしさ，おもいやり……など次に，考えたキーワードのなかから，ヒミツノアイコトバの文字に合うものを，クロスワードにあてはめていきます。

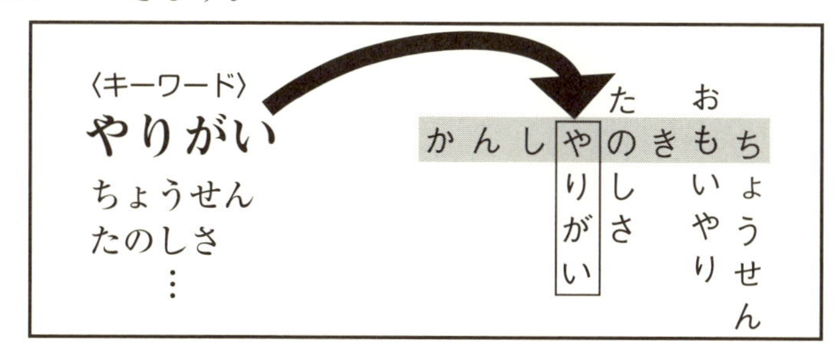

コツ

・キーワードは短いほうが，ナゾを作成しやすくなります。
・ヒミツノアイコトバとキーワードを考える作業は，学年団など複数の教師で行ったほうが完成度も高くなります。
・この作業を学年団で行うことで，教師の「子どもに大切にしてほしい」と思っていることのベクトル合わせにもなります。

3 ナゾをつくる

クロスワードが完成したら，それぞれのキーワードを答えとした，ナゾを作成していきます。第2節ナゾの仕様書（P92～101）を参考にしながら作成していきます。

〇ナゾをつくるときの注意点

・学力に関係なく「ひらめく」ことで楽しさが感じられるナゾにする。
・「ならびかえろ」のような直接作業を指示するような言葉は入れない。

4 最終問題をつくる

クロスワード用のナゾが完成したら，最終問題をつくります。

最終問題にはひとひねりを加えて，（3）で作成したナゾと重ねることで，答えがわかるようなナゾにします。ナゾ作成の際には，実際に印刷をしながら文字や図を動かして，ぴったり重なるように何度か微調整を行います。

また，最終問題の答えは，動作で表すものとします。例えば，中学生では「スクワット」や「ジャンプ」，小学生では「手をつなげ」など，子どもたちの様子によって身体接触の度合いを考慮しながら，グループの一体感を感じられる動作を答えとします。

○最終問題の例（セットで使うことで解けるナゾ）

最終問題を右のナゾに重ねることで，答えがわかります。

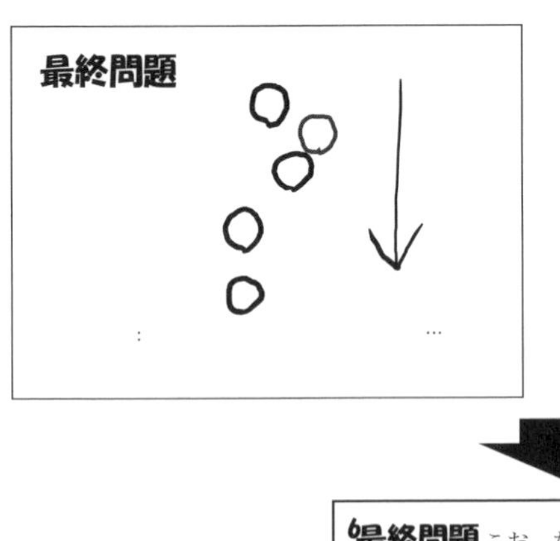

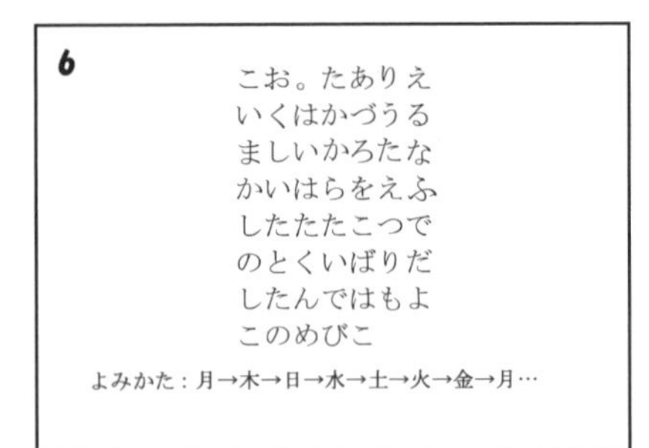

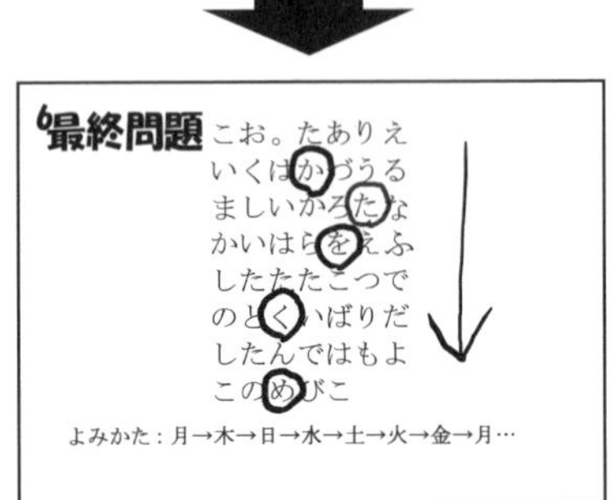

最終問題に右のナゾを重ねることで，答えがわかります。

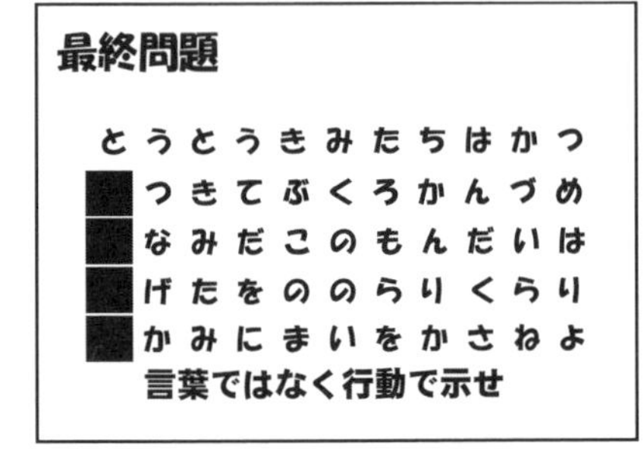

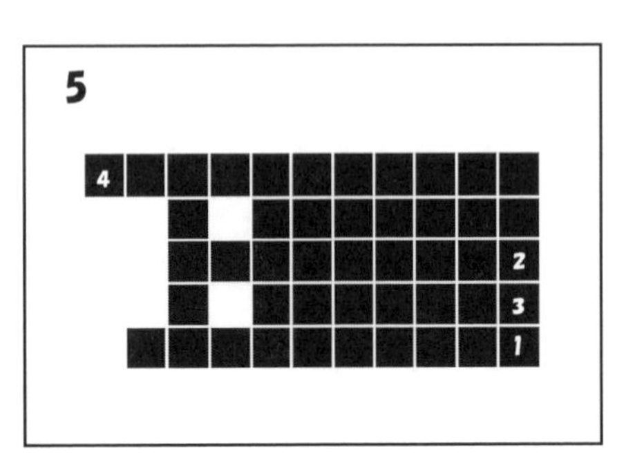

「ひらめき体験教室」設計シート

ひらめき体験教室のテーマ：

キーワード	ヒミツノアイコトバ：
	（クロスワード） ヒミツノアイコトバがクロスワードの答えになるように，キーワードを使ってクロスワードを作成します。

	こたえ	ナゾのパターン	メモ
ナゾ1			
ナゾ2			
ナゾ3			
ナゾ4			
ナゾ5			
ナゾ6			
ナゾ7			
ナゾ8			
最終問題			セットで使うナゾ

❷ ナゾの仕様書

本書で使用したナゾのパターンを解説します。
これをもとに，オリジナルのナゾを作成してみましょう。

○作成手順

まず，下のナゾ選択表を参考に，キーワード（ナゾの答え）の文字数によって作成するナゾのタイプを決めます。次に，右ページからの表を参考に，どんなタイプのナゾで作成するか考えます。

ナゾ選択表

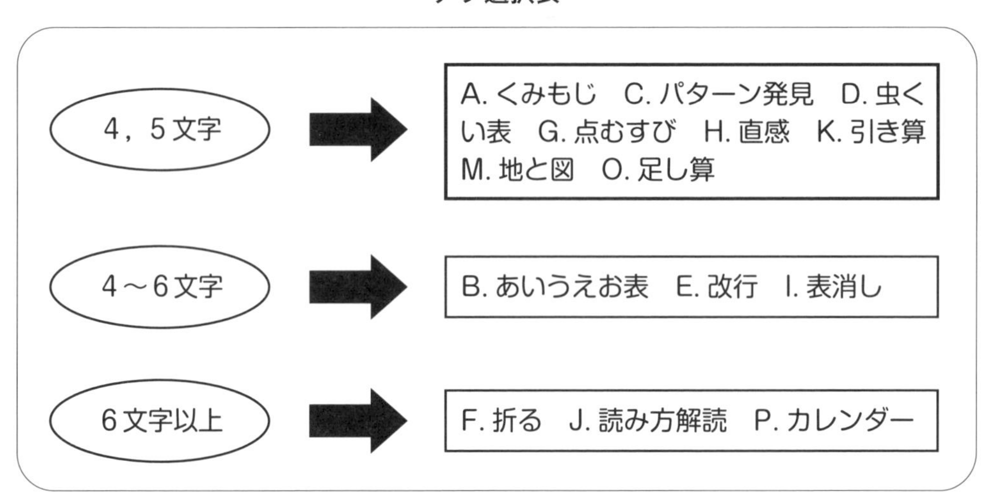

・クロスワードやマスを利用したナゾには，Excel など表計算ソフトを使用します。
・「A. くみもじ」のような文字を回転させるなどの作業は，ペイントなどの描画ソフトを使用します。

A. くみもじ	難易度	B. あいうえお表
ひらがなやカタカナを回転させ，図形に見えるように組み合わせたナゾです。		五十音表をベースにしたナゾです。
	低	4 2 1 3
	中	に く ほ わ す か
	高	千回の天才 解答の才能 永遠の経験 応援の ？

・作成時のフォントはメイリオがオススメ。
・カタカナよりひらがなの方が難易度が高い。
・図形に見えるよう文字を組み合わせる。
・すべての文字が同じ規則で組み合わさっているようにする。

解答
コウドウリョク
ナカマ
かのうせい

・あいうえお表のキーワードに該当する文字の場所に，読む順番で数字を入れる。
・あいうえお表で，その文字の矢印の先にきた文字が答え。
・キーワード（例：こうけん）の一部を変え，別の単語に変えられないか考え（例：おうえん），同じ規則で別の単語の組み合わせを提示する。

解答
あされん
たいめんしき
こうけん

C. パターン理解	難易度	D. 虫くい表
ある法則に基づいて文字を入れ替えたり増やしたりするナゾです。		表に入っている文字をもとに，行数や文字の順序から答えを導くナゾです。
赤い靴 → あいつ 休憩 → キウイ 金メダル → 決める 下山指揮 → ？	低	い に さ よ ③ ろ し は き じ ひ ふ ② よ い む な や こ ④ ①（④の下）
前例 → こうれい 高度 → ていど 旧説 → ？	中	げ 　 す も き 　 に 　 ① 　 　 ② ③ 　 ④ ④ ④ ④ ④ ④ ④
あかん → 赤点 5ミリ → ゴミ取り 好意 → 校内 諸君 → ？	高	い に ②④ ③ ご ろ し は き じ ひ ふ み よ い む な ① こ と

・例を見て，どんな規則で単語が変わっているのかを考える。
・つくるときは，まずキーワードをどんな規則で変換すればわかりにくくなるかを考えてから，それに合う例を考える。

解答

げんき
しんせつ
しょくにん

・数字，曜日，干支など決まった並びのもので，誰でも知っているものを使う。
・キーワードに対応した文字のところを読む順番に数字を入れる。

解答

おみごと
かんどう
やさしさ

E. 改行	難易度	F. 折る
指定された字数で文字列を並べ替えると，答えが読めるようになるナゾです。		線や記号をヒントに，用紙を折って読むと答えがわかるナゾです。
ちただこじえいの ょはのもうにこん 4×4	低	れいぞうこべ ルトしめてあ ったかテープ
りはこなょぜ たぞくんえの 6×2 → 4×3	中	だいこんのおろし ほんとうにおいし いなあ！かだんにい しがろっこまかれていた
4 4 3 2 とこなこもたぞのだえのちは	高	せんもんょろしく ほんきないて やっったというくき

・つくるときは，「このもんだいのこたえは○○○○（キーワード）」という文を作り，四角形のマスの中にタテ読みの形で書いていく。
・このときの「タテ×ヨコ」のマスの数をヒントとしてナゾに書き入れる。
・問題用紙には，上の段から横向きに文字をメモしていく。

解答
にちじょう
ぜんりょく
ともだち

・折ることで，読める場所を限定する。
・難易度低のナゾは折り紙のように山折谷折の線がついており，そこの線で折る。
・難易度高のナゾは，下の方で切れている半円と数字の６の一部を重ね合わせ，直線にかぶった文字を読み取る。
・文章は，折らずに読んでも意味のあるように作成する。

解答
れべるあっぷ
おおだまころがし
せっきょくてき

G．点結び	難易度	H．直感
点と点を線で結ぶと，文字が見えてくるナゾです。		全体を俯瞰して見ると，文字らしきものが読み取れるナゾです。
	低	
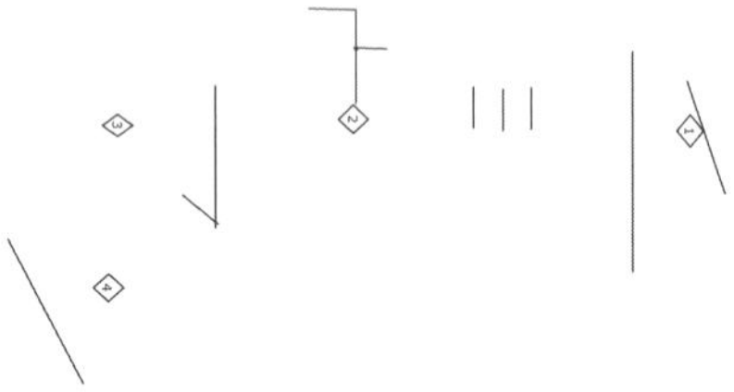	中	
	高	

・キーワードの文字の一部が同一線上に表せそうな場合に作成できる。
・線を引くときの始点と終点がわかるよう，同じ記号を入れる。
・線を順番に引かせたい場合は，直線の引き方がわかるように工夫する。

解答
ともだち
ちょうせん
けっしょう

・文字の形をくずしたり，記号などを組み合わせたりして文字を作る。
・元の文字とかけ離れすぎているとスッキリしないので，誰もが納得できる文字の形になるよう工夫する。

解答
げんき
たすけあい
CLASS

I. 表消し	難易度	J. 読み方解読
表のマスを消し，残った部分に答えが見えてくるナゾです。		あした→「あ」の下など，どの部分を読むかというヒントが示されているナゾです。
しょくばたいけ んこそたいてえ できぬたくさん のことしるさわ ってけいけんす SOS	低	夏休みが終わった。 やっと、ともだちに会える！！ 夏休み前にもらった成績表をもってあるく。 みんな、夏休み中何してたのかな結果ぼくは キャンプにはいけなかった。 そうめんは食べられたけど！ みんなはどうだったのだろう。 あした見てみれば答えが分かる。
田らとほこ をしきんの けきたとな しゆいうぞ てうなにを	中	このえはやっぱりいい。 きえたひりっとする感覚。 あぁこいがしたい。
しんじ つてん ざいい るんな らよむ なぽめ かくせ	高	せっかくの晴れ舞台 だれにも負けない心 を持ったぼくの出番 えがおふりまいて ここから上に向かう！ 頭にそんな言葉がうかんだ

・キーワードの文字数から，作成する表の形とマスの消し方を考える。次に，キーワードが出てくるよう文字を配置し，文を作る。最後に消し方をどう伝えるか考える。

・難易度高のナゾでは「目」という漢字を隠すための指示として目隠しのイラストを出している。

解答

たのしさ

しんゆう

てんぽ

・あした→「あ」の下，ひまわり→「ひ」のまわり，頭→「最初の文字」などキーワードの読ませ方を決めて，それをもとに文を作る。

・文は時期やテーマに合いそうなものを考えて作成する。

解答

成果

やりがい

こえをだせ

K．引き算	難易度	L．小学校低学年向け
文字列から，特定の文字を引いて読むナゾです。2つのタイプがあります。 ・数字の引き算のタイプ ・絵を見て文字を消すタイプ		1年生などの発達段階を考慮して，時間をかければ解けるナゾや，絵から連想できるナゾです。
さんたさんまいごれ－335	低	ただしいひらがなをならべかえてことばをつくれ！
ヒコームロゴー	中	しょく しょく しょく しょく しょく しょく　しょく　しょく　しょく
せんぱいと かんぱい　－	高	

・もとの文章から絵や記号，数字を使って消す。消し方の指示には「けし○○」のような絵や，マイナスの符号を使うことで引くことを表す。

解答

タマイレ

ヒーロー

せいとかい

・小学校低学年向けのナゾは，語彙があまりなくてもできるようわかりやすく身近なものになるよう心がける。

解答

つうがくろ

きゅうしょく

しきしゃ

M．地と図	N．ないもの探し
図の白い部分が文字になっているナゾです。	日常でも使う英語を使用したナゾです。共通してないものを考えます。
	使う　⇒　ゆず 雰囲気 ⇒ むど 終点　⇒　ごる 話す　⇒　とく 失われたものは？
O．足し算	**P．カレンダー**
それぞれの枠内の線を足していくことで文字になるナゾです。	文字列を月曜始まりのカレンダーに見立て，指定された順に読み進めるナゾです。
	こお。たありえ いくはかづうる ましいかろたな かいはらをえふ したたたこつで のとくいばりだ したんではもよ このめびこ よみかた：月→木→日→水→土→火→金→月…

・地と図

直線が多い文字のときに作成しやすい。Excel などで作成する。

・足し算

同じ枠内の直線を足していくことでカタカナになるようにする。Excel などで枠を作るとよい。

解答

ヨロコビ

ステージ

・ないもの探し

同じキーワードを含む英単語の読みと日本語を並べ，キーワードを英単語の読みから抜いておく。

・カレンダー

１行７文字で文を作り，読み方を曜日で表す。小学生には，カレンダーをヒントとして渡す。

解答

ー（長音符）

なかまづくり

最終問題は，このシートだけでは解けません。ヒミツノアイコトバを探すために解いた，いずれかのナゾと組み合わせることで答えがわかるようになっています。

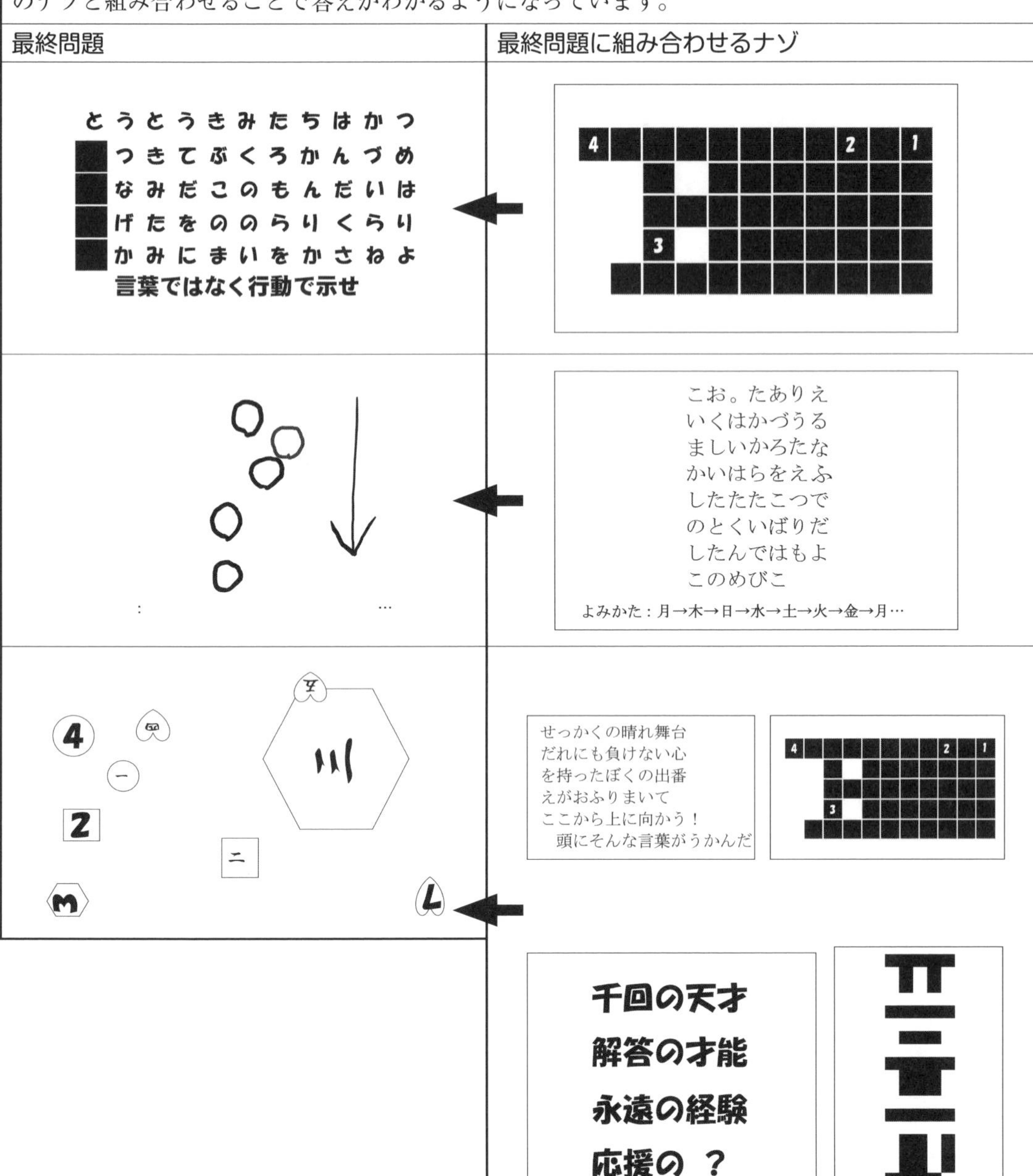

最終問題
最終問題に組み合わせるナゾ
とうとうきみたちはかつ
つきてぶくろかんづめ
なみだこのもんだいは
げたをののらりくらり
かみにまいをかさねよ
言葉ではなく行動で示せ
4
2
1
3
こお。たありえ
いくはかづうる
ましいかろたな
かいはらをえふ
したたたこつで
のとくいばりだ
したんではもよ
このめびこ
よみかた：月→木→日→水→土→火→金→月…
4
2
一
二
三
M
L
せっかくの晴れ舞台
だれにも負けない心
を持ったぼくの出番
えがおふりまいて
ここから上に向かう！
頭にそんな言葉がうかんだ
千回の天才
解答の才能
永遠の経験
応援の ？

・最終問題

（一番上の問題）
あいうえお表のマスと重ね合わせることで，空白の部分に答えが出てくる。
（真ん中の問題）
文章と重ね合わせることで，○の位置に文字が入り，答えを読み取ることができる。
（一番下の問題）
２枚以上のナゾを重ねることで，対応する文字を読み取ることができる。P68～69の最終問題の解説を参照。

解答
てをつなげ
かたをくめ
せのびしろ

編著者

鹿嶋真弓（かしま・まゆみ）

立正大学心理学部特任教授。博士（カウンセリング科学）。都内公立中学校教員，逗子市教育研究所所長，高知大学教育学部附属教育実践総合センター准教授，高知大学大学院総合人間自然科学研究科教職実践高度化専攻（教職大学院）教授を経て，2019年４月より現職。平成19年にはNHK『プロフェッショナル　仕事の流儀』で，中学校教員時代の実績が紹介された。平成20年には東京都教育委員会職員表彰を，また，平成21年には文部科学大臣優秀教員表彰を受けた。平成28年に石黒康夫氏，吉本恭子氏と共にTILA教育研究所を立ち上げた。
全体編集，第１章１・３節，第２章，第３章，第４章

分担執筆者一覧

村上達也（むらかみ・たつや）　高知工科大学共通教育教室講師
第１章２節
上村啓太（かみむら・けいた）　高知大学大学院総合人間自然科学研究科
第２章（P30），第３章・第４章ナゾの作成
吉本恭子（よしもと・きょうこ）　高知市立西部中学校教頭
コラム２
秋森美奈子（あきもり・みなこ）　宿毛市立小筑紫小学校教諭
コラム３
田村綾（たむら・あや）　香美市立香北中学校教諭
コラム４

ナゾの作成に協力いただいた３人

鈴木達也（すずき・たつや）　高知大学大学院総合人間自然科学研究科
棟田一章（むねだ・かずあき）　高知大学大学院総合人間自然科学研究科
青野史歩（あおの・しほ）　高知大学教育学部

2016年11月現在

ひらめき体験教室へようこそ
考えることが楽しくなる発想力と思考力のゲーム

2016年12月１日　初版第１刷発行　［検印省略］
2024年10月１日　初版第４刷発行

編 著 者　鹿嶋真弓©
発 行 人　則岡秀卓
発 行 所　株式会社　図書文化社
〒112-0012　東京都文京区大塚１-４-15
Tel. 03-3943-2511　Fax. 03-3943-2519
振替　00160-７-67697
https://www.toshobunka.co.jp/
組　　版　株式会社 Sun Fuerza
印刷・製本　株式会社 厚徳社

ISBN 978-４-8100-6684-５　C3037